人间不坠青云志

叶楚桥 著

北京联合出版公司
Beijing United Publishing Co.,Ltd.

前　言

在古代，有一种气度叫文人风骨。穷则独善其身，达则兼济天下，他们是人中君子，也是国之栋梁。

一

君子和而不同，周而不比。

熙宁年间，王安石主导的变法运动正在席卷全宋。

由于触及了保守派的利益，加上操之过急、用人不当，新政推行未满一年，朝野上下怨声不断。

弹劾王安石的奏表如雪花般飞入朝廷，宰相韩琦、御史中丞吕诲等人都声称，王安石这般"奸佞"之人，一日不离开京城，大宋便无一日安宁：

> （安石）大奸似忠，大佞似信……罔上欺下，文言饰非，误天下苍生，必斯人也。如久居庙堂，必无安静之理。
>
> ——元·脱脱《宋史》

这让力主改革的宋神宗，也开始摇摆不定。

他特意召见司马光，满脸真诚地发问："王安石真的是小人吗？"

司马光连忙摇头否定："王安石绝非奸邪，只是不会处事，过于固执。"

> 人言安石奸邪，则毁之太过，但不晓事，又执拗耳。
>
> ——清·毕沅《续资治通鉴》

王安石不遗余力地推行新政，不是为了一己私利，而是为了社稷苍生，但他自负倔强又急躁冒进，得罪了许多人。

1086 年，王安石在南京病逝。已经病入膏肓的司马光，听闻消息之后，给朝廷写了这样一封信：

> 介甫文章节义，颇多过人……不幸介甫谢世，反覆之徒，必诋毁百端。光以为朝廷特宜优加厚礼，以振起浮薄之风。
>
> ——清·毕沅《续资治通鉴》

王安石的文章和人品，都有过人之处，如今不幸离世，宵小之辈肯定会对他百般诋毁。朝廷应该依礼厚葬，以振世风。

我会批评你的政见，指责你的言论，但绝不诋毁你的人品，这叫"和而不同"。

没有任何成见，抛开所有恩怨，只以公正之心去评价你的生平，这叫"周而不比"。

古代君子的两条标准，司马光已经集于一身。

难怪以苛刻著称的朱熹，都给了他"五星好评"："智仁勇，严而正。"

二

至忠之臣，不避死以谏主。

晏殊，北宋著名的富贵词人。

"君莫笑，醉乡人。熙熙长似春。"（《更漏子》）晏殊的一生，似乎除了宴饮，还是宴饮。

在他的挽词中，欧阳修甚至有过这样的评价："富贵优游五十年，始终明哲保身全。"

"明哲保身"最早出自《诗·大雅·烝民》："既明且哲，以保其身。夙夜匪懈，以事一人。"意思是晓善恶，辨是非，知进知退，择安去危，保全自身，然后夙夜在公，效忠朝廷。

这本是一个褒义词，但在使用过程中，语义逐渐发生改变，现在多指胆小怕事、棱角全无的老好人。

那晏殊属于后者吗？当然不是。

仁宗年轻的时候，皇太后刘氏临朝听政。为了感激昔日的收留之恩，她想提拔张耆为枢密使，总揽全国兵政。

晏殊素知张耆品行，认为他德不配位，绝非宰辅之才，便上书朝廷，力劝刘氏亲贤远佞。

刘氏大为恼火，在她的授意下，中书省一纸诏书将晏殊贬为宣

州知府。

1032 年，掌权多年的刘氏，准备穿上衮服（天子的礼服），去太庙祭拜先祖。消息一出，满朝哗然。迫于刘氏威严，大部分官员都敢怒不敢言。

唯独两个人，提出了反对之声。一个是礼部侍郎薛奎，还有一个就是参知政事晏殊。

刘氏问他："薛奎反对哀家服衮冕（gǔn miǎn）、拜太庙，你怎么看？"

尽管已有前车之鉴，晏殊还是冒着被贬职甚至被杀头的危险，当着刘氏之面，背起了古书《周官》，提醒她身为太后，规矩不可坏、礼数不能乱。

晏殊混迹官场多年，当然清楚圣意不可忤。

他在张口之前应该就想到了结局。为了维护朝廷纲纪和皇室尊严，他还是挺身而出，秉公直言，即便降职远调，也在所不惜。

这样的晏殊，又岂是一个圆滑世故、见风使舵之人？

三

清风两袖朝天去，不带江南一寸棉。

惭愧士民相饯送，马前洒泪注如泉。

——《拒礼诗》

柳永，历来争议最多的词人。

他的作品，并未得到主流文坛承认，晏殊、苏轼和李清照都曾公开表示，柳永的文字"格调不高""词语尘下"。

其实，他远没有传说中的那么不堪。

柳永曾经写过一篇《劝学文》，字里行间，正能量满满：

是故养子必教，教则必严；严则必勤，勤则必成。学，则庶人之子为公卿；不学，则公卿之子为庶人。

勤奋读书，平民之子，有可能成为公卿。不思进取，公卿之子，也可能沦为平民。

进士及第后，柳永曾任余杭县令。

余杭的藤纸远近闻名，每年都会作为贡品，被运往京城。

柳永到任后，大力扶持造纸业，不到两年，藤纸的产量便有大幅提升，但进贡朝廷的数量却和从前保持一样。

甚至在进京面圣时，柳永都未带上一张藤纸。

仁宗皇帝有些吃惊："余杭盛产藤纸，为何不送些与朕？"

柳永直言作答："县令送十张，知府送百张。长此以往，百姓必然不堪重负。多了贡品，失了民心，绝非盛世之政。"

身为天子门生，却不取悦朝廷，"心中为念农桑苦，耳里如闻饥冻声"，原来"浪子"柳永，也是这般忧国忧民。

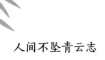

四

都说"文如其人"，但很多时候，作品并不能反映人品。

文人大多贪杯好饮，他们的诗赋辞令中，常有"夕阳西下几时回"（晏殊·《浣溪沙》）、"拟把疏狂图一醉"（柳永·《蝶恋花》）之语，这完全符合书生群体的身份特征。但不能由此得出结论，他们都是贪图享乐、声色犬马之人。

鲁迅先生曾说："我们从古以来，就有埋头苦干的人，有拼命硬干的人，有为民请命的人，有舍身求法的人……虽是等于为帝王将相作家谱的所谓'正史'，也往往掩不住他们的光耀，这就是中国的脊梁。"

古代的这些文人，是不是中国的脊梁，自有历史评说。但他们当中，确实有很多为民请命、舍身求法之人。

有以瘦弱之躯迎战乱军的谢道韫，有"欲为圣朝除弊事，肯将衰朽惜残年"的韩愈，有批评皇帝"歌舞饮酒，欢乐失节"的苏辙，有公开上书刘太后、要求还政于仁宗的范仲淹，还有"不能一傍贵人之门、不肯一作新进士语"的晏几道，以及当面得罪蔡京的周邦彦，拒不迎合秦桧的张孝祥，擅自开仓赈灾的郑板桥……

他们一身正气，满腔赤诚，只要利于朝廷、益于民生，不管前方是弓弩陷阱，还是万丈深渊，都会义无反顾，一往无前。

谁说百无一用是书生？

"失意不失志，可杀不可辱"，古代文人的气节和风骨，足以激励当世，垂范千古。

他们的故事串联起来，就是一部中国的文化史、文学史和精神史。他们的生平经历和诗文作品，他们的处世法则和为人之道，他们的思想智慧和意志品质，都是值得研究和传承的宝贵财富。

当然，褪下"文化名人"的光环，他们也是普通人，能力会有欠缺，性格也会有短板。这才是历史人物的本来模样，别觉得惊讶，更不必遗憾。

只有将他们复原为身边的普通人，以平常的眼光审视，以对等的身份交谈，像结识朋友一样，欣赏优点，包容缺点，可以崇拜，也可以不爱，才有机会走近他们的人生，靠近他们的内心。

这也是本书的创作初衷，在诗文里探寻历史，在故事中读懂诗文，由魏晋至唐宋，由唐宋至明清，一路呈现古代文人的风流、风雅与风骨。

阮籍

狂浪是一种态度

一

花姐的酒店格局，是和别处不同的。

当街一个曲尺形的大柜台，柜台后面站着花姐，负责导购迎宾，温酒收银。

花姐像是从画里走出来的女子，肤白貌美，也是这个缘故，酒店生意红红火火，座无虚席。

此刻，靠窗的四角方桌的贵宾席上，坐着两个年轻人，正在举杯对饮。他们衣衫不整，须发凌乱，动作夸张，表情多变，全然一副旁若无人的模样。

掌柜即使忙得像陀螺，也要时不时瞟上两眼，准备随时听候这两位贵宾召唤。

但这两个年轻人，一顿午餐足足吃了两个时辰。其他客人已然散场，他俩还意犹未尽，又拉着花姐一同喝了七八两酒。

这倒也无妨，在生意场上常见。只是其中一个年轻人，酩酊大醉之后，竟然趔趔趄趄地走到花姐身旁，紧挨着她躺到竹榻之上。

掌柜的脑瓜立刻嗡嗡作响，仿佛看到自己的头顶闪过一道绿光。他气得浑身发抖，已经握紧拳头。

酒店身处闹市，堪称小镇商务区，掌柜最喜欢在饭前酒后，向新老顾客分享桃色艳闻，推送信息，没想到终有一天，自己竟成了故事的主角。

另外一个年轻人，却笑眯眯地走了过来："哎呀，阮籍能有什么坏心思呢！掌柜是第一天认识他吗？"

掌柜满脸疑惑："此话怎讲？"

年轻人解释："都说叔嫂不通问，阮籍的嫂子每次回娘家，他都会亲自送行。邻居笑他不懂礼法，他却大声回答，礼法算个啥！"

掌柜面色稍和："此话当真？"

年轻人拍着胸脯保证："我叫王戎，来自琅琊王氏，怎会骗你？骗你高门子弟有何颜面！"

王戎当然不会骗他，一整个下午，阮籍都在呼呼大睡，没有任何越轨之举。

掌柜头顶的绿光，这才慢慢散去。

此后，阮籍每次酒醉，掌柜和客人也都习以为常，不作他想。

二

东汉末年分三国，烽火连天不休。

孙策遇刺身亡后，周瑜和鲁肃建议孙权："老大啊，咱们人多地广，兵精粮多，何必听命于曹贼！"

孙权当然不想趋附于人，立即决定占据江东，与刘备和亲，吴蜀抱团，共抗曹营。

曹操探得消息，连忙修书一封，向孙权抛出橄榄枝，希望他能回心转意，共辅大汉。这便是著名的《为曹公作书与孙权》，执笔

者是曹操的御用写手、"建安七子"之一阮瑀。

而阮籍，正是阮瑀的次子。虎父无犬子，阮籍天赋异禀，聪明过人，八岁便能作文；专注学业，读书时可以几个月足不出户。

阮瑀早亡，阮籍从小失去依靠，缺乏管束，放纵不羁。经常游山玩水，终日不归。得意之时，更是忘乎所以，要么仰天长啸，要么放声大笑，一架破琴，可以弹上通宵。

邻居们都在阮籍身后指指点点，这娃是不是读书读傻了，魔怔了？刚刚还是全村的希望，顿时又成了读书无用的典型。

幸好有个族兄叫阮武，在清河做太守，常向朋友夸赞阮籍的诗文，称家里的这位兄弟将来定大有所为，甚至超越自己。

阮籍的风评随即发生反转，都说他是奇才，当然不走寻常路。果然，舆论的导向往往由少数人掌控。

荥（xíng）阳境内的广武山，是楚汉相争的古战场。

阮籍曾到此登临观览，发出过一声长叹："时无英雄，使竖子成名。"

这句名言，鲁迅和毛泽东都曾引用过，但其中的"竖子"，究竟是指刘邦、刘备，孙权、曹操，还是司马懿、司马昭，至今无人知晓。

这句名言，透着一股雄心，一团傲气。可见少年阮籍，也和其他读书人一样，希望能建功立业，声显名彰，"王业须良辅，建功俟英雄""岂为全躯士，效命争战场"。

只可惜，他的万丈豪情，很快就泯灭于乱世之中。

三

魏明帝曹叡驾崩后，八岁的太子曹芳继位。

曹爽和司马懿共同辅政，两人抢地盘，分"蛋糕"，争斗不休。很多名士贤能，都在党派相争的旋涡中，成了牺牲品。

阮籍觉得，这届朝堂配不上他的才能。他很郁闷，也很灰心，终日饮酒买醉，不问世事。

太尉蒋济，素闻阮籍大名，专门向秘书王默打听："阮籍在民间评价极高，有没有收买人心的可能？"

王默当场否认："阮籍德才超群，绝不是无用书生。"

蒋济非常高兴，决定把阮籍招入太尉府。

阮籍听说后，连夜写下一封《奏记》，称自己丑陋且猥琐，才疏学浅，只适合锄地耕田，没有大腕的才气，却有大腕的脾气，实在不宜做官：

> 今籍无邹、卜之道，而有其陋，猥见采择，无以称当。
> 方将耕于东皋之阳，输泰稷之余税。负薪疲病，足力不强，
> 补吏之召，非所克堪。乞回谬恩，以光清举。
>
> ——《晋书·阮籍列传》

为了表示诚意，阮籍亲自把信送到太尉府，托门人转交给蒋济，然后就返回了乡里。

蒋济以为阮籍到洛阳，是准备入府就职，没想到打开《奏记》

一看，满篇都是搪塞之言，顿时勃然大怒，把王默骂得狗血喷头："快让阮籍到岗，否则你也给我消失！"

王默只好多番游说，连哄带骗，费尽口舌，希望阮籍能够尽快到任。

乡亲们也出言相劝："这么好的机会，千万不能浪费。"

阮籍无奈，只好勉强答应，前往洛阳就任，但还没有熬过试用期，他就称病离职。

不久，曹爽又相中了阮籍，召他为参军。阮籍以身体尚未康复为由，再次拒绝了大将军的盛情。

一年后，洛阳发生震惊朝野的"高平陵事变"，曹爽被诛，司马懿掌权。

亲朋好友这才恍然大悟，纷纷夸赞阮籍有眼光、有远见，能够提前预判风险。阮籍只是一脸苦笑，不做任何争辩。

其实，他并非圣贤，又怎么会有先知先见。不愿意为曹爽效力，是因为在他的身上，阮籍看不到任何希望。

战士食糟糠，贤者处蒿莱。

歌舞曲未终，秦兵已复来。

——《咏怀·其六十》

不优待战士，不重用贤者，只顾奢华淫乐，魏国必然会衰败没落。

四

司马氏上台后，为了把持朝政，掌控绝对权力，党同伐异，意见相左者，一律封杀禁言，才高名重者，强行胁迫入职。

阮籍也未能幸免，先后担任司马师、司马昭的从事中郎。身为近侍官，他每次和司马昭交谈，都只说地理天象，宇宙洪荒，从不议论时事，也不评价官员。

司马昭有些纳闷儿，便指示钟会，备上好酒好菜，试探阮籍。

席间，不论钟会问起何人何事，阮籍永远都只说一句话："我干了，你随意。"很快就烂醉如泥。

钟会毫无所获，司马昭却感觉非常踏实，认为阮籍守口如瓶，小心谨慎，是个可信、可用之人。

> 然天下之至慎者，其唯阮嗣宗（阮籍）乎？每与之言，
> 言及玄远，而未尝评论时事，臧否人物，可谓至慎乎！
> ——《世说新语·德行》注引李唐《家诫》

对于识人用人，司马昭有一套自己的理论，"为官长，当清，当慎，当勤"，且在这三者之中，他最看重的，就是"慎"。阮籍的表现，甚合他的胃口。

自此司马昭与阮籍格外亲近，整天待在一起，不着边际地谈天论地，甚至还想与阮籍联姻。阮籍不好当面得罪，只得餐餐饮酒，天天喝醉，根本不给提亲人开口的机会。

两个月后，司马昭才知难而退，无可奈何地苦笑："这个酒鬼，由他去吧！"至于日常工作，他从来不监督、不催促、不考核，任由阮籍随心所欲，无拘无束。阮籍的任何要求，只要不是太过分，司马昭都会答应。

"我曾经游过东平，很喜欢那里的风土人情，想到那里去当个太守，不知是否合适？"

"合适合适，必须合适。"阮籍便骑着一头小毛驴，孤身一人，前去上任。

五

赶到东平后，他拆去府衙围墙，让所有官吏都在同僚和百姓的监督下办公，同时精简法令，宽以待民，只待了十天，又赶回了京城。

是的，阮籍就是玩儿。但他玩得很出彩，在两千年前，就能想到阳光政务、简政放权，的确够大胆、够超前。难怪狂人李白，也对这位潇洒的阮太守顶礼膜拜：

> 阮籍为太守，乘驴上东平。
> 剖竹十日间，一朝风化清。
>
> ——《赠闾丘宿松》

听说步兵营的后厨中，有美酒三百石，他又兴高采烈地找到司马昭：

"俺想当个步兵校尉，你说中不中？"

"中！"

阮籍又来到步兵营，天天和刘伶醉在一起，日出而起，日暮不息，工作规则、上班纪律等等都不顾忌。

即便无意仕途，他也格外珍惜这份美差，在这个岗位上任职最久，"阮步兵"的称号正是由此而来。

直到五百年后，才出现一位唐朝"阮籍"，也是因为贪图美酒，拼着老命都要调入太乐署，最终如愿以偿。那个人叫王绩，是王勃的叔祖父。

公元 263 年，司马昭在对蜀作战中取得了决定性胜利。魏元帝下诏，要加封他为相国、晋公。

司马昭一面百般推辞，一面又动员幕僚，让他们多写、快写《劝进表》，典型的表里不一。

阮籍也接到了任务，但迟迟不见交稿。司空郑冲派人快马加鞭赶到步兵营，想一看究竟。

果然不出所料，阮籍正趴在酒桌上，鼾声如雷。等到日上三竿，他才悠悠醒来，然后以手蘸酒，在桌上拟出初稿，下人逐句誊写，只字未改，却言辞清新，激昂豪健，被时人誉为神来之笔。

《劝进表》写成后不久，阮籍便病逝于洛阳，时年五十四岁。

六

阮籍在文学上的成就，毋庸置疑。他是建安以来第一个大量创作五言诗的文人，代表作《咏怀八十二首》，更是开创了中国文学

史上政治抒情组诗的先河，晋朝左思、陶渊明，唐代陈子昂、李白，都受其影响颇深。但对于他的气节和风骨，却有些许争议。

争议之一，是阮籍与嵇康的对比。

一般认为，在"竹林七贤"中，阮籍排在首位，嵇康次之，两个人常常被拿来比较。

嵇康性情刚烈，敢怒敢言，坚持不与朝廷合作，最后杀身成仁。

阮籍没有这么决绝，不仅做了司马昭的幕僚，还为他写下《劝进表》。

有人说，阮籍是个懦夫。这个结论略显草率，也有失公允。

魏晋乱世，天下多变，名士很难自我保全，他不得不有所取舍，也有所妥协。因为说话谨慎，处事周全，阮籍备受司马昭器重，但越是这样，心里越是煎熬：

> 一日复一夕，一夕复一朝。
>
> …………
>
> 终身履薄冰，谁知我心焦。
>
> ——《咏怀·其六十三》

他经常独自一人，驾着马车，在崇山峻岭中，肆意狂奔。行至悬崖断壁、无路可走之处，他便放声大哭，眼泪流尽后，再原路折返。

这便是"穷途之哭"的出处。

车至末路，尚可回头。人遇穷途，哪里还有转机？

阮籍有一篇著名的《大人先生传》，可以看作他的政治宣言：

且汝独不见夫虱之处于裈中，逃乎深缝，匿乎坏絮，自以为吉宅也。行不敢离缝际，动不敢出裈裆，自以为得绳墨也。饥则啮人，自以为无穷食也。然炎丘火流，焦邑灭都，群虱死于裈中而不能出。汝君子之处区内，亦何异夫虱之处裈中乎？

一群虱子钻进裤裆里，躲在深缝中，藏于坏絮间，以为寻到了好去处，等到大火烧山、城池被毁，直至死于其中，都不敢离开半步，还扬扬得意，夸自己循规蹈矩。

世间所谓的君子，便是这裤裆中的虱子。

如果不想成为虱子，那就只有两个选择：要么像嵇康，死得痛快；要么做阮籍，活得痛苦。

从这个意义上说，阮籍和嵇康本质并无两样，都是反礼教的斗士，只不过形式不同，结局各异。

争议之二，是对阮籍放浪行为的质疑。

初唐年间，王勃在《滕王阁序》里，曾写下"阮籍猖狂，岂效穷途之哭"，言下之意是，即便生不逢时，也不应该放任自流。

王勃终究是涉世未深啊，虽然受过一些小挫折，依然豪情满怀，壮志飞扬。他哪里知道，生逢乱世，人如蝼蚁，命如草芥，那些荒诞不经、狂浪无行的举止，都是阮籍不得已而为之。

洛阳有个美丽的小姑娘，尚未出嫁就英年早逝，阮籍与她非亲非故，没有任何交集，却跑到灵堂之上，哭得撕心裂肺，如丧考妣。

阮籍母亲去世时，他还在与人对弈。对方想提前结束，他却非要分出胜负。待一局终了，他又豪饮两斗，继而号啕大哭，吐血数升。

随后几天，先喝酒后吐血的动作，一直在循环往复。等到母亲下葬之日，他已经形销骨立，拄着拐杖才能站起。

是真性情，自有悲悯之心。若真孝顺，又何用吃斋守灵。对于阮籍来说，行为与思想，言论与品性，并无绝对关联，看起来潇洒恣意，骨子里却早已鲜血淋漓。

但诸多卫道士总是对阮籍横加指责，认为他徒负盛名，口谈浮虚，不遵礼法，弃圣背贤，对时俗放荡、世风日下负有不可推卸的责任。他们甚至觉得，西晋贵族子弟，骄奢淫逸、醉生梦死，都是仿效阮籍所致。

而对阮籍来说，放浪形骸也好，惊世骇俗也罢，这些是他远离纷扰、躲避灾祸的伪装，也是他嘲讽伪君子、反抗假道学的武器。

阮籍一切行为，都有其强大的精神内核。而那些盲目跟风之人，不过是以解放个性为由，行颓废纵欲之实，皮囊之内，空无一物。

一个是风流，一个是下流；一个是太空漫步，一个是街头作秀，岂可同日而语。

对此，阮籍或许早有预见。儿子阮浑成年后，也想加入竹林名士的队伍。阮籍赶紧打住："仲容已预之，卿不得复尔。"（《世说新语·德行》）

阮咸已在其中，你就不要胡闹了。

　　阮籍表面上嫌阮家人多，实则担心沦为笑柄。毕竟不是每一个大胆狂放的年轻人，最后都能修炼成贤能。

　　至于后世画虎类犬的那群人，阮籍若是泉下有知，应该会一声冷哼："没有我的深度，还妄想玩出我的高度，真是幼稚！"

谢道韫

世间奇女子，巾帼胜须眉

一

东晋隆安年间，会稽人孙恩起兵造反，在砍杀上虞县令后，乱军乘胜前行，直接围住了会稽城。

会稽内史王凝之，却不设防、不练兵，只请来五斗米道教的长老，在府衙大堂内为校尉以上的官员开坛授课，讲解"不战而屈人之兵"的玄学。

长老身着白袍，肩披黄发，目光坚定，言语夸张，各种奇谈怪论，层出不穷。他每有停顿，台下的王凝之都会迅速起身，拍手回应。在场的将士官兵也紧跟主官节奏，欢呼呐喊，掌声雷鸣。

于是，在王大人的主导下，身处战场最前沿的会稽城，竟出现了一幅极其诡异的场景。一边是乌云压城，大军逼境，百姓慌作一团；一边却是阵阵仙乐，余音袅袅，长官极其淡定。

内史夫人都看不下去了，她喊出王凝之，无比焦急地质问："何以守城，何时突围？"

王凝之信心满满："我已请大仙借鬼兵驻守要塞，各有数万，贼不足虑也。"

听闻此言，夫人知道多说无益，只得拂衣而去。

数天后，会稽城破，王凝之几乎未做任何抵抗，和子女被乱兵砍杀于府衙之上。

倒是这位内史夫人，巾帼远胜须眉，以瘦弱之躯，与敌人展开殊死搏斗，直至被俘，仍是昂首挺胸，面无惧色。此等气度和魄力，连匪首孙恩都对她敬佩不已。这位内史夫人，便是大名鼎鼎的东晋才女谢道韫。

二

谢道韫的家世，不是一般地显赫。

父亲谢奕，初为幕府司马，后为晋陵太守，官至安西将军、豫州刺史。

叔父谢安，是孝武帝的股肱之臣，文武双全，既忠且勇，被誉为"江左风流宰相"。

弟弟谢玄，当过兖州刺史，做过车骑将军，骁勇善战，胆识过人，是淝水之战中，晋方的主力战将。

尤其难得的是，老谢家这些牛人，不仅军功赫赫，政绩显著，而且风流豁达，卓尔不群，为中华词库贡献了诸多成语。

谢奕与权臣桓温，相识多年。进入幕府任职后，谢奕仍然行不修饰，随心所欲，逍遥物外。桓温却毫不介意，逢人就夸："这是我的'方外司马'。"

谢安年轻时曾一度隐于会稽东山，朝廷几次征召，他都婉言谢绝。后来弟弟谢万获罪降职，为了保住家族权势，挽回家族尊严，年逾不惑的谢安才"东山再起"，重新入朝任职。

淝水之战大捷后，谢玄回营呈送战报。

谢安正在下棋，只是瞟了一眼，又继续与朋友对弈。

一局终了，朋友忍不住打听："前方战况到底如何？"

谢安微微一笑，云淡风轻地回了一句："哦，家里的那帮小娃娃，已经击退了敌军。"这便是"小儿破贼"的出处。

<h1 style="text-align:center">三</h1>

高门望族的家庭聚会十有八九都是诗词大会，老谢家更是如此。

作为一家之主，宰相谢安最喜欢做的事就是出各种试题，考量小辈们的才气。他必须定期确认，下一代的才华能否撑得起家族未来的兴盛。

他曾经问谢道韫："《诗经》三百篇，你最喜欢哪一篇？"

谢道韫不假思索，脱口而出："吉甫作颂，穆如清风。仲山甫永怀，以慰其心。"

这是一首送别诗，源自《大雅·烝民》，作者为周宣王重臣尹吉甫。大意是乐声和美，如清风拂面，希望友人仲山甫，能早日功成回京。

谢安听后极为高兴，称赞她年纪轻轻，便意趣深远，颇有雅士之风。

这年冬日，北风呼啸，天寒地冻，一家人正在庭院中围炉煮酒，谈诗论赋。突然大雪纷飞，迎风乱舞，谢安诗兴又起，笑眯眯地发问："这雪花最像何物啊？"

侄儿谢朗最先回应："撒盐空中差可拟。"

把雪花比作盐粒，毫无美感可言。谢安沉默不语，未做任何评价，只是面带微笑，继续环视四周，明显是在期待下一个回答。

这类题型，考验的不是记忆力，而是创作力。在场的公子、千金都非常谨慎，不敢轻易出声。谢道韫缓缓起身，对上一句："未若柳絮因风起。"

以风中柳絮，拟空中雪花，形神皆似，虚实兼备，堪称绝妙。谢安自然大喜过望，欣慰不已。

从此，源于谢道韫的"咏絮之才"，便成为才女的专用代名词。

四

转眼，谢道韫就到了谈婚论嫁的年龄。"谢公最小偏怜女"，她的终身大事，自有叔父全程把关。

在门阀士族鼎盛的魏晋，两姓联姻一定要门当户对。谢安没有丝毫犹豫，将目光锁定在琅邪王氏身上。

"王与马，共天下"，在司马睿东渡称帝的过程中，王导、王敦两兄弟，立下过汗马功劳。

东晋朝堂之上，也有超过三分之二的官员，都与琅邪王氏有关。如此名门望族，当然是陈郡谢氏的首选。

谢安最先相中的，是王羲之的五子王徽之。但他发现，此人才华横溢，却放荡不羁，不务正业，担任骑曹参军时，对掌管的马匹品种、数量和健康状况一知半解，甚至对自己的岗位职责都

浑然不知。

这般自由散漫之人，在政治上不会有任何建树，也无法为谢家带来声誉。

于是，谢安便决定，将侄女许配给王羲之的次子王凝之。

遗憾的是，谢大人终究还是看走了眼。

五

王羲之共有七个儿子，其中最有出息的，当为幼子王献之。论书法，他与父亲并称"二王"，有"小圣"之称。比职位，他从州府小吏起步，硬是做到了中书令，成为天子重臣。

即便如此，王献之的才华，也有不及谢道韫的时候。

他曾经在家中与客人辩论，一度理屈词穷，落于下风。谢道韫发现后，立刻让婢女传话："可先申请暂停，稍后由我上阵。"

王献之趁机退下，谢道韫则立于门帘之后，摆事实，讲道理，做对比，一番雄辩下来，客人很快就招架不住，最后心服口服，拱手认输。

在谢道韫面前，王献之都相形见绌，王凝之就更不用说了。

庸碌无为的王凝之，还痴迷于五斗米道教。身为朝廷命官，又是名门之后，他既不勤于政务，也不钻研艺术，却整天诵经炼丹，画符念咒，只想做一个神通广大的"神仙"。谢道韫多次好言相劝，走火入魔的丈夫却没有任何改变。

夫妻俩才华不能相提并论，思想无法同频共振，这肯定不是幸福的婚姻。

谢道韫回到娘家时，谢安见她眉头紧锁，闷闷不乐，很是不解："你的丈夫，是王右军公子，家世、天赋都无可挑剔，还有什么遗憾的吗？"

谢道韫长叹一声："谢氏一族，上有您和叔父谢据，下有谢玄、谢朗等兄长，都是将帅、卿相之材。没想到这天地之间，还有王郎这样的人。"

> 一门叔父则有阿大、中郎，群从兄弟复有封、胡、羯、末，不意天壤之中乃有王郎！
>
> ——《晋书》（卷九十六）

这就是成语"天壤王郎"的出处。短短四个字，每一笔、每一画，都是对王凝之的嫌弃和鄙视。

六

在上虞沦陷之前，孙恩意欲谋反的消息早已传得满天飞。

王凝之却不信，他认为孙恩也是五斗米道教的信徒，不会有此大逆不道之举。等到叛军逼近会稽时，他又躲进练功房，终日叩拜祈祷，希望能有天兵相助。

谢道韫无计可施，情急之下，只得组织仆人和婢女日夜训练，尽力备战，希望在紧急关头至少能保全家中老幼。但身逢乱世，覆

巢之下安有完卵，孙恩攻进会稽城后，王凝之和他的所有子女都死于叛军的屠刀之下。

谢道韫强忍悲痛，抽刀出门，奋起抗争，终因寡不敌众，倒地被俘。一起被抓住的，还有她年幼的外孙。

孙恩起了杀心，准备斩草除根。

谢道韫厉声怒斥："这是你与王家的恩怨，与他族无关。若是真要作孽，除非先杀了我！"言语之间，大义凛然。

尽管孙恩心狠手辣，也不禁为之动容，便示意手下，停止了屠杀。

此后，谢道韫便一直隐居于会稽，足不涉闹市，言不问政事，只在茂林修竹间，听风赏月，作文写诗，直至终老。

七

蔡文姬，能辨琴。谢道韫，能咏吟。

彼女子，且聪敏。尔男子，当自警。

——《三字经》

古代"能咏吟"的才女很多，但是作为正面典型，写进《三字经》，提醒男儿"当自警"的，仅有谢道韫一人。她的才华，已经到了可以对异性产生压迫感的地步。

叛乱平定后，新任会稽内史刘柳，久闻谢道韫大名，上任不久，便专门前来拜会。

谢道韫也不拒绝，只是素服盘发，坐于帘内，接待来客。

刘柳先是送上礼物，然后整理衣袖，正襟危坐于一丈之外。

谈吐间，谢道韫沉稳大方，举止优雅，思路清晰，对答如流。

刘柳退出后，忍不住赞叹："从未见过如此优秀之人，光是听其言语气度，就让人无比佩服。"

柳退而叹曰："实顷所未见，瞻察言气，使人心形俱服。"

——《晋书》（卷九十六）

刘柳并非俗人，他是金紫光禄大夫刘耽之子，后来官至宰相，能有此番感慨，足见谢道韫才学超群，实至名归。

同郡女子张彤云，为顾府儿媳，也极负才名。哥哥张玄总是夸她要胜过谢道韫。

有个叫济尼的人，是张、谢二人的共同好友。时人问起，两个才女，谁更胜一筹。

济尼回答："王夫人神情散朗，故有林下风气。顾家妇清心玉映，自是闺房之秀。"（《世说新语·贤媛》）

一个称为王夫人；一个呼作顾家妇。

一个洒脱自如，飘逸爽朗，有竹林名士之风；一个心地清纯，光彩照人，是绣楼闺阁中的佼佼者。

高下自见。

居家之时能替叔郎解围，临危之际敢与匪兵决斗，寡居之后可与男子谈议，谢道韫的这份才华、胆识、胸襟和气度，又岂是普通

的闺房女子所能及？

　　谢道韫的传世诗篇只有两首，走的都是豪迈、雄浑路线，不是赞美大自然、渴望在山林中颐养天年，就是仿效魏晋先贤、期待羽化登仙：

> 峨峨东岳高，秀极冲青天。
>
> 岩中间虚宇，寂寞幽以玄。
>
> 非工复非匠，云构发自然。
>
> 器象尔何物？遂令我屡迁。
>
> 逝将宅斯宇，可以尽天年。
>
> ——《泰山吟》

　　神秘莫测的造物主，可以让泰山巍峨灵秀，也可以让岩穴幽静深邃，为何却让我身心不宁、起伏颠沛？不如远离尘世，归隐深林，以尽天年。

> 遥望山上松，隆冬不能凋。
>
> 愿想游下憩，瞻彼万仞条。
>
> 腾跃未能升，顿足俟王乔。
>
> 时哉不我与，大运所飘摇。
>
> ——《拟嵇中散咏松诗》

　　真希望在严冬时节，栖息于未曾凋谢的松树下，触摸那长过万仞的枝条。可惜我是凡夫俗子，不能随我所欲、腾空高飞，只能等待仙人前来接引。

很难想象，如此刚健、开阔的文字，会出自一位女诗人之手。这应该就是济尼所说的"竹林之风"。

遗憾的是，魏晋时代的自由与开放，对女性并无多大益处。和其他朝代一样，无论多么优秀的女性都必须依附于男人，无法独立决定自己的命运。若是遇人不淑，所嫁非人，即便才高八斗，也是于事无补。

谢道韫也不能例外。不知道她晚年隐居会稽之时，有没有感叹一声，女子无才也是福。

如果可以重来一次，她是否愿意选择，做一个普通女子，嫁一个如意郎君，然后波澜不惊地过完一生？

但这样的假设，已经毫无意义。她的命运，在几十年前那场柳絮般的大雪中，就早已注定。

张九龄

《唐诗三百首》开篇的作者，
风仪最美的大唐名相

一

如果时光可以倒流，李隆基最想回到的时间点，一定会是公元734年的那个夏天。

几个月前，他带着一众皇子，在西郊别苑种下了一茬早麦。

如今麦浪翻滚，籽粒饱满，麦穗低垂，正是收割的好时机。

这对于明皇来说是一次难得的时机，他要亲自下地，和百官一起割麦拾穗。

割麦拾穗前，他语重心长地讲了三点意见："此番劳动，意义非凡。一可为祭祀宗庙储备用粮，二可积累种植经验，三可体会百姓劳作之艰……"

话音刚停，在一片山呼万岁的声浪中，李隆基戴上手套，接过镰刀，走进麦田，开始了声势浩大的表演。

堂堂九五之尊，为了体恤民情，竟然放下身段，弯下腰身，当起了农民。如此重大的新闻，当然要大张旗鼓地宣传，做成大唐的头条新闻。

礼部的郎中、主事，还有几位起居郎，纷纷备好笔墨，紧跟明皇左右，随时捕捉精彩瞬间，记下经典画面。

他们都清楚，李隆基此番操作，就是想给上天看，给儿孙看，给百官和万民看。身为御用笔杆，此时不动，又待何时？

后世史官论及此事，倒也较为宽容，称开元时期的玄宗所言所行虽多做作，或非出于实心，然与天宝年间相比，究竟难得。

镜头转回西郊别苑。

李隆基和诸位皇子，以及文武百官，正在麦田里忙得热火朝天，突然左右侍卫来报，范阳节度使张守珪求见。

李隆基抬头一看，该表演的动作已经展示完毕，再继续下去没有多大意义，便吩咐手下张罗接见事宜。

张守珪行过君臣之礼，直接禀明来意："副将安禄山在讨伐奚族和契丹时不听军令，导致兵败。微臣以为，按律当斩，请皇上定夺。"

将在外，君命有所不受。

他若是真想处死安禄山，在军营前一刀了事即可，又何必押到京城，惊动圣驾？

如此大费周折，无非是想讨个口谕，保安禄山不死。这种小心思，李隆基一眼就能看穿。

好在他历来倚重张守珪，今天的心情又格外灿烂，便打算送个顺水人情，不再深究此事。

旁边的宰相却突然发声："从古至今，违抗军令者，皆为死罪，安禄山又岂能例外？"

李隆基眉头一皱："他和张爱卿一样，都是朕的忠良，不容误害。"

宰相继续进言："安禄山狼子野心，面有逆相，必当铲除，以绝后患。"

李隆基一声冷哼："你来自未来吗？说得这么肯定！"

宰相无奈，只得退下。就这样，安禄山被免除死罪，放回幽州。

李隆基和皇朝的悲剧也就由此拉开序幕。

而那位坚称安禄山必反的"吹哨人"，便是开元名相张九龄。

二

公元 673 年，张九龄出生于韶州曲江。

祖辈和父辈都在岭南做官，或为参军，或为县丞，算不上高门望族，却也是远近闻名的书香门第。

宰相的童年，自然异于常人。

张九龄从小聪慧机敏，九岁便能作文。十三岁的时候就深谙投书行卷之道，专门写下一篇长文，寄给广州刺史王方庆，希望得到点评和指正。

王大人读后，果然欣喜异常，直呼："此子必能致远！"

看好张九龄的，远不止王方庆一人。

长安年间，因武则天宠臣张昌宗陷害，中书舍人张说被流放至岭南。

虽是戴罪之身，张说依然处处受人尊敬。

路经韶州，地方官员设宴款待。他却顾不上美酒佳肴，也无心歌姬，从开席到结束，张说只关心一个问题："岭南最近可有什么出众的文章？"

饭桌见人品，酒桌见格局，难怪张说后来三度拜相、统领文坛。

地方官员连忙将近些年书生秀才、进士举人的诗文，悉数呈给张大人。

张说这才面带喜色，逐一翻阅。

这些诗词文赋大多流于平淡、落入俗套。他有些失望，开始眉头紧锁，哈欠连天。

突然，一篇署名为张九龄的文章，让张说眼前一亮。

连读三遍之后，他不禁鼓掌赞叹："此文有如轻缣素练，飘逸灵秀，且论事周全，济时适用，真乃奇文也。"

从此，这个同姓的青年才俊便被张说牢记于心。

三

李隆基继位后，专门组织天下英才，到京城参加遴选。

他亲自担任主考，判定文章，策问政事，考量品行，为选拔人才全链条把关。

也就是在这场考试中，进士出身的张九龄再次脱颖而出，改任左拾遗。

拾遗属于谏官，负责讽谏帝王，监察百官，举荐贤良。

这是一个风险极高的岗位。只要天子出现失误，拾遗就必须及时提醒，还要监督改正。

这中间的尺度把握、方式选择和语气拿捏，稍有不慎，轻则毁掉前途，重则危及性命。

毕竟，皇帝老儿也要面子的啊。

张九龄新官上任，热血沸腾，频频上书朝廷，提醒玄宗和宰相姚崇，不能重内轻外，任人唯亲，要选贤用能。

幸运的是，此时的李隆基年富力强，豪情万丈，对逆耳之言的包容度正处在人生的最高峰。每逢张九龄面圣时间，所提之处，李隆基都会照单全收，然后安排有司，立即改正。

但宰相姚崇可就不一样了。他是百官之长，且已年过花甲，职位、资历和威望都是一人之下，万人之上。

第一次受到批评时，他还能勉强接受。

第二次，他便开始冷笑："你礼貌吗？"

第三次，看到张九龄又在奏折里长篇大论，他已经完全失去耐心，直接回了一个字："滚！"

张九龄自是识趣之人，趁着任期刚满，索性辞去官职，回到岭南。

从京城前往韶州，大庾岭是必经之路。此处山高道阻，异常艰险，里外进出，皆有诸多不便。

站在梅岭之巅，遥望京城与岭南，念及行人、商旅跋涉之苦，张九龄的内心，顿时有了一个大胆的想法：开大庾岭，修梅关古道。

建议呈上朝廷之后，工部很快应允。

于是，赋闲在家的张九龄自任开路总管，从路线勘测到器材购置，从民工征集到检测监理，事无巨细，一概亲力亲为。

待到竣工之时，崇山变通途，梅岭内外乃至南海诸国的百姓商户、贩夫走卒，无不欢欣雀跃，感念张九龄劳苦功高。

公元718年，由于开路有功，加之姚崇已不在相位，张九龄再度进京，获职左补阙，依然担任谏官，但品级要高于左拾遗。

正逢吏部选拔人才，张九龄应邀参加等级评定，连续四场为入围选手打分，以绝对的公正平允，赢得了朝廷认可和考生好评。

他也因此连升两级，官至司勋员外郎。

不久，张说入朝拜相，张九龄的仕途迎来了第一次飞跃。

四

唐朝没有心理学，也没有"首因效应"一说。

但张说对张九龄的印象，确实在十年前的韶州就已经固化定性。

此番回京后，张说更是对他极为器重，不仅以同宗相待，还逢人就夸："九龄日后必为文坛泰斗！"

千里马遇上了伯乐，张九龄自然欣喜万分，和张说的关系也愈发亲近。

很快，张九龄便进入中书省担任中书舍人，成为天子近臣，负责起草诏令，接纳奏报。

张九龄不是攀附权贵的庸官小人，没有因为张说位高权重，就对他百依百顺、言听计从。

或是因为多年担任谏官养成的习惯，也可能是秉性使然，张九龄职位晋升后，依然耿直刚正，遇事敢言。

公元 725 年，李隆基决定前往泰山封禅，让宰相确定官员名单，陪他登山祭天。

张说所选之人，大多出自门下、中书两省，全是他的故交和亲信，一旦最终确定，都会破格晋升，定为正五品。

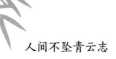

张九龄出于公心，在拟诏时便规劝宰相大人："官职爵位，天下之公器，应以才德威望为先，若是颠倒错乱，恐被天下人非议。"

张说却不以为然："既定之事，无须更改，悠悠之谈，何足虑也！"

后来诏令一出，果然讥谤四起，朝廷内外多指责张说私心太重，处事不公。

但是张说倔强执拗，并没有从中吸取教训。张九龄的几番善意，他都置若罔闻。

御史中丞宇文融，当时执掌全国田户和租税事宜。他是一位能吏，锐意改革，勇于创新，深受玄宗信任。

宇文融每次有本上奏，张说却多有反驳，宇文融自有满腹怨恨。

张九龄看在眼里，记在心间，多次提醒张说，要提防有人弹劾。

张说依然我行我素，未见一丝改变。

宇文融没有忍耐多久，便联合御史大夫崔隐甫，直接上书玄宗，罗列多项罪名，指控张说品行不正，德不配位。

玄宗先让张说停职，然后安排有司介入。

几个月过去了，调查没有任何进展。三个当事人却在继续相互攻击，吵得皇帝老儿心烦意乱。

但此时的玄宗头脑十分清醒，深知朋党之争对大唐吏治毒害极深，必须叫停。

于是，张说被勒令退休，宇文融和崔隐甫被外放出京。

张九龄也受到牵连，先是调出中书省，改为太常少卿，后又相继出任冀州刺史、洪州都督、岭南道按察使。

一荣俱荣，一损俱损。张说给了他春风得意，也使得他颠沛流离。所有命运的馈赠，都早已在暗中标好了价格。

对于外放和谪贬，张九龄坦然受之，毫无怨言。尤其是到岭南任职，还能顺便归省，时不时地与家人共享天伦，也算是人生一大乐事。

五

公元 730 年，尚书左丞相张说病逝。

临终前，他一再向玄宗推荐张九龄，称其可堪大用。

次年春天，张九龄第三次进京，获任秘书少监，兼集贤院学士。他没有辜负张说的厚望。

奉旨拟诏时，张九龄撰写的节奏几乎能与玄宗口述同步，而且初稿即终稿，无须更改一字，比同声传译还要神奇。

对于领导的意图，既能快速领会，又能精准表述，这就是职场中的一项实用技能。

张九龄的仕途由此平步青云，不到五年的光阴，便位列宰执，主理朝政。

拜相期间，他坚持选贤任能，整肃吏治，重视郡县治理，固本强基，主张轻徭减赋，与民生息。

"开元盛世"的功劳簿上，应该有他浓重的一笔。

在个人操守方面，张九龄更是无懈可击。

玄宗皇宠妃武氏，欲借故另立太子。得知张九龄从中阻挠，便派内官威逼利诱，称若想长久为相，就必须拥立寿王。

张九龄义正词严，将内官厉声斥退后，立即面见玄宗，动之以情理，晓之以利害，极言东宫为国之根本，不可轻易更立，总算让一场宫廷内乱得以平息。

玄宗对他恩宠日深，工作上是一百个放心，生活上则是一万个关心。

张九龄年迈体弱，上朝时若是把笏板别在腰间，骑马下轿都极为不便。玄宗得知后，竟为他设立笏囊，专门用来携带笏板，既方便，又安全，且美观。

为了让他安心待在京城，玄宗还主动把张九皋和张九章安排到岭南担任要职，以便就近奉养老母亲。

这些来自君王的关心，真是尽显温情。

天长节，百官祝寿时多献奇珍异宝、绝世孤品，只有张九龄，送来五卷《金镜录》，提醒玄宗应以史为鉴，明得失，知兴替。

这番举措无异于在生日宴会上，拿课外练习送给孩子，买拖把围裙送给妻子。哪个寿星会高兴？

不料玄宗一脸惊喜，不仅没有怪罪，反而当众称赞九龄为臣尽忠，夙夜在公。

风头出尽，必然会遭人嫉恨。来自同僚的中伤，已是箭在弦上。

六

臭名昭著的李林甫，想扶持一个听话的新宰相来牵制张九龄。

刚好河西节度使牛仙客，因治边有功，正在回京途中。李林甫便推荐他为六部尚书，玄宗欣然答应。

张九龄却很不赞成："将尚书之职，授给边疆小吏，自开国以来，都无先例。"

张九龄历来反对外将进中书，当年张守珪大破契丹，玄宗欲授以宰相之职，他立马阻止："才破契丹就拜相，若再破奚族、突厥，将以何官授之？"

是啊，宰相已是文臣之首，张守珪以后再立战功，难道要当一字并肩王吗？

玄宗这才作罢。

张九龄始终认为，边将有功，对应赏赐金帛即可。中书要职，应是留给德高望重之人。

过了几天，玄宗再次提起牛仙客之事，张九龄依然不同意。

玄宗有些不高兴："你嫌人家出身卑微，难道你是名门之后吗？"

张九龄躬身回应："微臣生于蛮荒，不比中原人士，但毕竟出入台阁，执掌文诰多年。牛仙客目不知书，若当大任，恐难服人心。"

君臣二人，间隙暗生。

退朝后，李林甫向玄宗进言："只要有能力，何需满腹经纶。再者，您用人还需要理由吗？"

玄宗大悦，遂赐牛仙客为陇西县公，食实封三百户。

在君王面前，李林甫更有话语权的一个重要原因，就是他最能揣摩上意，并想方设法投其所好。

开元后期，玄宗有些自我满足，不思进取，逐渐沉溺于声色之娱。

每当宫内开席宴饮、歌舞升平之际，张九龄总会跑到天子跟前，

摆事实，讲道理，说些"不合时宜"的话语，譬如酒是穿肠毒药，色是刮骨钢刀……直说得玄宗烦不胜烦。

李林甫迅速见缝插针："圣上半生辛劳，如今国泰民安，就不能享受享受吗？"

"还是李爱卿，最懂朕的心！"玄宗朝着李林甫微微一笑，然后目光跳过张九龄，继续吩咐太乐丞，"接着奏乐，接着舞！"

同年十一月，张九龄被罢相，牛仙客接任。

一年后，张九龄引荐入京的周子谅，以御史身份上表玄宗，指责牛仙客庸碌无为，绝非相材，理应让贤。

这本是司空见惯的事情，即便弹劾的对象是宰相，在大唐朝廷的政务清单里也并不鲜见。

只是周子谅在奏折中，偏要引用街头谶（chèn）书的言论，称"两角犊子恣狂颠，龙蛇相斗血成川"，预言姓牛的官员，必将侵犯大唐皇权。

有事说事，怎可妖言惑众？玄宗勃然大怒，将周子谅杖责于廷，然后驱逐出京。

张九龄再次受到牵连，李林甫怂恿玄宗，将他以"举非其人"的罪名，贬为荆州长史。

玄宗或许认为，宰相职位的更替不过是正常的人事任免，他绝对不会料到，罢黜张九龄、宠信李林甫，会成为大唐由盛转衰的分界线：

明皇初任姚崇、宋璟、张九龄为宰相，遂致太平。乃

李林甫用事，纪纲大坏，治乱于此分矣。

——《续资治通鉴》

三年后，张九龄回乡扫墓，不久便病逝于岭南，享年六十八岁，朝廷追封荆州大都督，谥为"文献"。

七

公元 755 年，身兼范阳、平卢、河东三大重镇节度使的安禄山，携二十万乱军在范阳起兵，一时烟尘千里，鼓噪震地。

海内承平日久，朝廷武备废弛，百姓不识兵革，大唐北方州郡，迅速土崩瓦解。

潼关失守后，李隆基带着杨氏兄妹，还有一众嫔妃，在六军将士的保护下，仓皇逃往四川。

第二年七月，太子李亨在灵武自行即位，尊李隆基为太上皇。

万国来朝的大唐荣耀，就此一去不复返。

数十年前，张九龄初见安禄山，就曾断言："乱幽州者，必此胡也。" 没想到一语成谶。

当年独断专行，远贤亲佞，对忠臣和忠言都不以为意，如今却接连失去江山和皇权，不知道远在成都的玄宗，有没有后悔莫及。

其实，张九龄被罢相后，玄宗一直都很挂念他。

每有宰执举荐人才，他都会忍不住问上一句："风度得如九龄否？"

意思就是，其与岭南张公，孰美？

只是宰执的回答，往往都让玄宗很失望。

别说玄宗一朝，就是放眼全唐，张九龄的风度也是罕见。他是从岭南地区走出来的第一位宰相。

古时以大庾岭为界，里为中原，外为蛮夷，南方读书人入朝为官，常常会遭人白眼，被戏称为"獠"。这可是明目张胆的地域歧视。

张九龄却凭一己之力，撑起了整个岭南。他气宇轩昂，才学超群，秉公无私，识人善辩，风仪清古，被誉为"曲江风度"，上至天子，后至万世，都钦佩不止。

他的传世名篇《望月怀远》，将婉约悠长的相思之情融入大开大阖的海月之间，宁静缠绵，意境高远，也正是"曲江风度"的完美展现：

> 海上生明月，天涯共此时。
>
> 情人怨遥夜，竟夕起相思。
>
> 灭烛怜光满，披衣觉露滋。
>
> 不堪盈手赠，还寝梦佳期。

至马嵬兵变、肃宗登基后，藏于西南一隅的玄宗对昔日近臣张九龄，也就更加追念不已。

"自九龄殁后，不复闻忠谠（dǎng）之言。"玄宗此刻说的是实情，只是当初谏真言、献良策者，非诛即贬，谁复敢言？

尽管远在巴蜀，玄宗还是遣使到韶州，专门厚祭张九龄，并追赠其为司徒。

在发往岭南的诏书中，玄宗更是不吝褒扬之词：

> 正大厦者柱石之力，昌帝业者辅相之臣。
>
> 说言定其社稷，先觉合于蓍策，永怀贤弼，可谓大臣。

终于承认张九龄有奠基辅政之功，且能先知先觉，有识人之明了。

只是一切都太迟了，公元 734 年的夏天，不可能会重来一遍。战火已燃，山河已破，任何的懊悔与伤悲都于事无补。

对于张九龄来说，身后的追念与褒扬他无法知晓，也并不在乎。毕竟，他在世时的所有努力，也不是为了加官晋爵和身外之名。

被贬荆州期间，他曾写下《感遇》十二首，其一"兰叶春葳蕤（wēi ruí）"，位列《唐诗三百首》第一篇：

> 兰叶春葳蕤，桂华秋皎洁。
>
> 欣欣此生意，自尔为佳节。
>
> 谁知林栖者，闻风坐相悦。
>
> 草木有本心，何求美人折。

兰叶逢春，桂花遇秋，各有各的佳节良辰。草木欣欣，只是源自天性，为何要取悦美人。

在张九龄看来，读书治学，辅政报国，建功立业，都是出自君

子本心，不会因为天子臧否、同僚好恶和职务升贬有任何改变。

无论主政一方，还是身居朝堂，他都忠于内心，坚守本性，不唯权，不唯上，不畏强。

或许，这就是"曲江风度"的另一个应有之义：壁立千仞，无欲则刚。

王维

我和李白是情敌？

一

唐诗里，还有很多未解之谜。

比如太白的出身，杜甫的死因，李商隐的"无题"，以及孟浩然的婚姻……千百年来，众说纷纭，始终没有定论。

此外，王维和李白生卒年份相近，活跃时期重叠，社交圈里有多个共同好友，诗文中却不见任何交集，这在"酬赠唱和"极为流行的盛唐，简直不可思议。

于是，许多读者便围绕这两个闻名遐迩的人物，前赴后继、夜以继日地努力研究，调查家庭背景，分析社会关系，大胆假设，小心求证，意图揭开谜底。

其中流传最广的莫过于"情敌之说"，声称玉真公主曾经提携过王维和李白，然后日久生情，两个大诗人先后爱上了同一个女人。

一场惊世骇俗的"三角恋"由此诞生，这才是王维和李白老死不相往来的原因？

然而稍微捋一下，就会发现这是一个经不起推敲的谣言。

二

由于皇帝和老子同姓，唐朝的国教自然就是道教。

高宗李治曾专门下诏，将道士纳入宗正寺管理，这就等于承认道门中人也是李氏宗亲。

如此，皇族和道士便成了一家人，那些久居宫中的皇子、公主想换个身份，去道观里思考一下人生，完全合法合情。

"上有所好，下必甚焉"，一些出身贫苦、没有谋生能力的宫女被朝廷遣散之后，往往会跟随旧主的脚步，遁入道门，了此残生。

《旧唐书》记载，仅公元838年，文宗李昂就"出宫人四百八十，送两街寺观安置"。

"君看白发诵经者，半是宫中歌舞人。"女道士这么多，难免会有不守清规之人做出一些出格之事，有损道门清誉。

据说宣宗李忱曾微服私访至德观，发现女道士浓妆艳抹，于是龙颜大怒，将她们赶出京城，再另选两位老汉住持道观。

晚唐之后，类似的丑闻逐日增多，导致中唐以前，女道士清心寡欲、飘然出尘的良好形象逐渐被湮没，以至于在某些人的眼里，唐朝的女道士就是"娼妓"的代名词。

这是典型的以偏概全。而这种情况下，大名鼎鼎、潜心修道的玉真公主，极有可能无端蒙受污名。

事实上，玉真公主和史书中记载的高阳公主、太平公主、安乐公主等人截然不同。她结交广泛，朋友圈里不是文人雅士，就是名流官宦，且深受玄宗信任，在家族中拥有话语权。

在流传下来的文字中，找不到她生活作风方面的任何不良记录。那些质疑玉真公主的人品，信口开河，辱她"风流淫荡"的言论，纯属造谣中伤、肆意诽谤。

三

坚称玉真公主"包养"过王维的，有两个揣测的证据，其之一是这首诗：

> 碧落风烟外，瑶台道路赊。
>
> 如何连帝苑，别自有仙家。
>
> 此地回鸾驾，缘溪转翠华。
>
> 洞中开日月，窗里发云霞。
>
> 庭养冲天鹤，溪流上汉查。
>
> 种田生白玉，泥灶化丹砂。
>
> 谷静泉逾响，山深日易斜。
>
> 御羹和石髓，香饭进胡麻。
>
> 大道今无外，长生讵有涯。
>
> 还瞻九霄上，来往五云车。
>
> ——《奉和圣制幸玉真公主山庄因题石壁十韵之作应制》

这是一首标准的"应制诗"，也就是大臣奉皇帝之命，围绕特定主题，在公开场合即兴创作的诗文。

这百字长诗，无一字与私情有关、与暧昧有染。难道王维还敢在天子巡游之时，当着文武百官的面给玉真公主写情诗？

其二是这则小故事：

王维参加科举考试之前，岐王曾将他引荐给公主。在公主府，王维呈上自己的诗卷，还弹奏了一曲名为《郁轮袍》的天籁之音。

公主大悦，当场表示愿意提携这个后生，王维由此金榜题名。

这个故事最早见于中唐薛用弱所著《集异记》，原文如下：

> 公主自询曰："此曲何名？"维起曰："号《郁轮袍》。"公主大奇之。
>
> 维即出献怀中诗卷。公主览读，惊骇曰："皆我素所诵习者，常谓古人佳作，乃子之为乎。"
>
> 因令更衣，升之客右。维风流蕴藉，语言谐戏，大为诸贵之所钦瞩。

元朝的辛文房在《唐才子传》中，也写过类似情节：

> 岐王重之。维将应举，岐王谓曰："子诗清越者，可录数篇，琵琶新声，能度一曲，同诣九公主第。"
>
> 是日，诸伶拥维独奏，主问何名，曰："《郁轮袍》。"因出诗卷。主曰："皆我习讽，谓是古作，乃子之佳制乎？"延于上座曰："京兆得此生为解头，荣哉！"力荐之。

可见王维中举，确有贵人相助。但贵人具体是谁，两部古书都写得很模糊。

《集异记》中仅称为"公主"，《唐才子传》里，也只提到了"九公主"。

很多人想当然地认为，九公主就是唐玄宗的同母妹妹玉真公主，因为排行第九又出家为道士，也称九公主或九仙媛，并由此得出结论，王维和公主"有私情"。

但《新唐书·卷八十三·列传第八·诸帝公主》记载，玉真公主在睿宗所生十一女中，名列第十：

> 睿宗十一女。寿昌公主，安兴昭怀公主，荆山公主，
> 淮阳公主，代国公主，凉国公主，薛国公主，鄎国公主，
> 金仙公主，玉真公主，霍国公主。

《全唐文·卷九百二十七》蔡玮《玉真公主朝谒应（缺二字）真源宫受（缺三字）王屋山仙人台灵坛祥应记》也印证了玉真公主为"十公主"的说法：

> （玉真）公主法号无上真，字元元。睿宗大圣贞皇帝
> 之十女。

且据古典诗词戏曲研究专家程毅中老先生考证，在《资治通鉴》《常侍言旨》等书中，"九公主"又作"九仙媛""如仙媛"，是

玄宗皇帝颇为器重的一个宫女：

> 上又命玉真公主、如仙媛、内侍王承恩、魏悦及梨园
> 子弟常娱侍左右。
>
> ——《资治通鉴》

这样看来，玉真公主和九公主是两个不同的人。至少没有任何史料佐证，提携王维的贵人就是玉真公主，那么她"包养"王维的事情也就无从谈起。

四

再来看李白，他写过两首诗给玉真公主：

> 玉真之仙人，时往太华峰。
> 清晨鸣天鼓，飙欻腾双龙。
> 弄电不辍手，行云本无踪。
> 几时入少室，王母应相逢。
>
> ——《玉真仙人词》

大部分学者认为，此诗写于开元年间，李白第一次进京之时。

诗中对玉真公主确有溢美之词，但最多只能算是一首"干谒诗"，并无一丝的杂念。

　　有人却认为此诗不仅有阿谀奉承之意，更有求爱的嫌疑，甚至代入李白的身份开展"沉浸式"的假想：李白初出茅庐，渴望入仕为官、兼济天下，而玉真公主刚好是一个跳板，如此之良机怎可错失？

　　李白还有曾寄给卫尉张卿的一组诗：

其一

秋坐金张馆，繁阴昼不开。

空烟迷雨色，萧飒望中来。

翳翳昏垫苦，沉沉忧恨催。

清秋何以慰，白酒盈吾杯。

吟咏思管乐，此人已成灰。

独酌聊自勉，谁贵经纶才。

弹剑谢公子，无鱼良可哀。

其二

苦雨思白日，浮云何由卷。

稷契和天人，阴阳乃骄蹇。

秋霖剧倒井，昏雾横绝巘。

欲往咫尺涂，遂成山川限。

潈潈奔溜闻，浩浩惊波转。

泥沙塞中途，牛马不可辨。

饥从漂母食，闲缀羽陵简。

园家逢秋蔬，藜藿不满眼。

蟏蛸结思幽，蟋蟀伤褊浅。

厨灶无青烟，刀机生绿藓。

投箸解鹔鹴，换酒醉北堂。

丹徒布衣者，慷慨未可量。

何时黄金盘，一斛荐槟榔。

功成拂衣去，摇曳沧洲傍。

——《玉真公主别馆苦雨赠卫尉张卿二首》

　　标题中"玉真公主别馆"几个字，可能会让好事者眼前一亮，以为"捉奸在床、人赃俱获"。

　　实则这首诗是写李白落魄苦闷的处境，以及期盼有人举荐的急切心情。

　　所谓的"恋情""绯闻"乃无稽之谈。

　　以太白先生的个性，为了谋取功名，不惜干谒皇族，寻求引荐，已经是低下高傲的头颅，做出了巨大让步。要说他不仅"卖身求荣"，还借助诗文，将这种不堪之事公布于众，恐怕没有人会信吧。

　　李白政治生涯的巅峰，应当是天宝年间"奉召进京"，玄宗"降辇步迎"，"以七宝床赐食于前，亲手调羹"（《草堂集序》）。

　　但是谁在力荐李白，史学界也有多种意见，可能是玉真公主，也可能是贺知章，或者吴筠，尚无定论。

　　总之，到目前为止，没有任何确切的证据表明，王维和李白是情敌。

五

那么问题来了，同为盛唐的大诗人，李白和王维为何从未写诗相赠？

众说纷纭。相对靠谱的说法，有以下四种：

一是阴差阳错、擦肩而过。

开元十八年（730），李白首次进京，此时的王维正逢妻子病逝，赋闲在家。

等到天宝年间，李白供奉翰林，王维却已隐居终南。一个大红大紫，一个半官半隐，直接碰面的机会接近于零。

二是年轻气盛、文人相轻。

于李白而言，他干谒的对象，不是皇亲国戚，就是达官贵人，肯定瞧不上官职不高的王维。

在王维看来，他和兄弟王缙很早名满京城，李白再怎么有才，到了长安也只是一个新人。

两个大诗人或许都听说过对方，但谁都不会主动放下身段，先说一声"久仰大名"。可惜了，文人的清高，扼杀了一段本能传为佳话的伟大友谊。

三是性格迥异、信仰不同。

李白和王维，一个飞扬跋扈、盛气凌人，一个谨小慎微、淡泊宁静；一个崇尚老道，一个修禅礼佛，道不同不相为谋。

两人即便相遇，也不会一见如故，应该只是微微一笑，然后便转身离去。

四是烽火连天、诗文损毁过半。

王缙曾说："臣兄（王维）在开元年间有诗百千余篇，天宝乱事后，十不存一。"

李阳冰也称："自中原有事，公（李白）避地八年；当时著述，十丧其九。"

李白和王维的诗篇，流传下来的不到十分之一。

那些在战乱中遗失的稿件，或许正有"醉眠秋共被，携手日同行"（杜甫·《与李十二白同寻范十隐居》）般的诗句，记录和见证过他们的友情。这应该是所有人都愿意相信的一种解释。

我们甚至能够想象，在长安或者洛阳，有家酒馆，永不打烊，李白和王维常常相会于此，举杯邀月，对酒吟唱。

他们绣口一吐，便是整个盛唐。

李白

谨以此文，纪念我与杜甫的兄弟情

一

杜甫，著名的唐朝诗人，学富五车，才高八斗，忠于朝廷，心系苍生，却"百年歌自苦，未见有知音"（《南征》）。

去世四十年后，靠着元稹写的墓志铭，才以蜗牛的速度出名，到了明代，终被尊为"诗圣"：

> 至于子美，盖所谓上薄风骚，下该沈宋，言夺苏李，气吞曹刘，掩颜谢之孤高，杂徐庾之流丽，尽得古今之体势，而兼人人之所独专矣。使仲尼考锻其旨要，尚不知贵其多乎哉。苟以为能所不能，无可不可，则诗人以来，未有如子美者……
>
> ——《唐故工部员外郎杜君墓系铭并序》

有人对比了一组数据，总结了杜甫与李白的过往，称杜甫为李白写过十几首诗，李白却全程"高冷"，未做只字回应，倒是在江南游玩时，给一个素昧平生的粉丝写下了一首深情款款、流传千古的七言雅句：

> 李白乘舟将欲行，忽闻岸上踏歌声。

桃花潭水深千尺，不及汪伦送我情。

——《赠汪伦》

杜甫将心照明月，奈何明月照沟渠。没想到，堂堂的诗仙李白，竟如此不近人情，这让后世之人一直愤愤不平。

世人皆不知真相究竟是何，而真相往往隐藏在历史的某个角落。

二

李白与杜甫的第一次相遇，是在公元 744 年。

此时的李白正当壮年，在诗坛的地位也是如日中天。

两年前，李白应诏入京。玄宗皇帝很是兴奋，专门从辇中走下，捧着大腹，迈着小碎步，一路笑脸相迎，然后赐座、上菜、敬酒，并亲手调拌羹汤，送与太白品尝：

天宝中，皇祖下诏，征就金马，降辇步迎，如见绮皓。

以七宝床赐食，御手调羹以饭之。

——《草堂集序》

皇帝的盛情让在场的文武百官都瞠目结舌，而神奇的故事还在持续上演。

为了让李白趁着酒兴写出精品，玄宗特意喊出最宠爱的妃子和全国最著名的艺伶，进行歌舞表演，还让杨国忠和高力士为诗人脱

靴捧砚。

这一刻的李白，如王者般荣耀。此后，他被任命为翰林供奉，经常出入宫中，和皇帝、贵妃谈笑风生。

虽然"蜜月期"过后，玄宗开始变脸，李白无法实现"济苍生、安黎元"的宏愿，被"赐金放还"，但终究为盛唐的书生文人赚足了脸面。

天赋异禀、才华超群，又有天子站台背书的李白，鲜衣怒马，一时名动天下。

而这时候的杜甫还只是尘世间一个迷途的书生，已过而立之年，却赤贫如洗，作品无人问津，功名无所望。

对红透半边天的李白，他是打心眼里膜拜。终于有一日，在东都洛阳，杜甫见到了仰慕已久的偶像。

三

这是一场伟大的相遇，闻一多先生甚至认为，于中国历史而言，这场会面的意义，仅次于孔子见老子：

> 我们四千年的历史里，除了孔子见老子（假如他们是见过面的），没有比这两人的会面，更重大，更神圣，更可纪念的。

那天，李白正坐在酒楼上大碗喝酒，大块吃肉，时不时地还会来上一句："啊，此情此景，我想吟诗一首。"

杜甫则在餐厅一角，皱着眉头，嗑着茴香豆，不停地思考着人生、民生和天下苍生，偶尔还会长叹一声。

时间开始静止，空气仿佛凝固，一场历史性的会面即将拉开帷幕。

作为诗仙，李白走到哪里都是焦点。他旁若无人的言行举止，还有卓尔不群的神态气质，很快就引起了杜甫的注意。

仔细打量一番之后，他连忙走到李白身边，躬身行礼："敢问阁下，可是翰林供奉李大学士？"

李白面无表情，抬起头来，四十五度角仰望天空，冷冷地回了两个字："正是。"

杜甫强掩心中狂喜，反复练习了几次呼吸，再次作揖："在下中原杜子美，著作郎杜审言之孙。"

李白瞬间来了兴趣："'文章四友'的杜审言？想必你也懂点诗词歌赋？"

"那是自然，"杜甫挺直腰杆，朗声回应，"诗是吾家事，吾祖诗冠古。"说完便呈上了几首新作。

李白看了之后连连点头，然后邀请杜甫入座，两人煮酒论诗，大醉方休，从此成为挚友。

以上情节史书并无一字记载，只是笔者想象，但情形绝对不会相差太远。

这一时期的李、杜，不仅气质不同、名气不同，追求更是不同。

刚从巅峰滑落的李白已经彻底摆脱了名利的羁绊，此刻只想着访仙问道，以求自在逍遥：

> 粲然启玉齿，授以炼药说。
>
> 铭骨传其语，竦身已电灭。
>
> 仰望不可及，苍然五情热。
>
> 吾将营丹砂，永世与人别。
>
> ——《古风五十九首·其五》

杜甫却依然壮志在胸，渴望有一天能科举及第，功成名就：

> 岱宗夫如何？齐鲁青未了。
>
> 造化钟神秀，阴阳割昏晓。
>
> 荡胸生曾云，决眦入归鸟。
>
> 会当凌绝顶，一览众山小。
>
> ——《望岳》

生活真是残酷而有趣，你苦苦追求的，不过是他人已经放弃的。

三

在李白的影响之下，杜甫开始对道家产生兴趣。两人约定，年底再到梁宋，一起修道成仙。

几个月后，李白、杜甫如期而至，再加上一个高适，三位大诗人，便在开封、商丘一带组团"找仙人、采仙草、炼仙丹"。当然这一切终究是无所获。

第二年秋天，李白和杜甫又重逢于山东。两人白天登高抒怀，骑马射猎，晚上吟诗赴宴，指点江山，醉了一床睡，醒了手牵手，逍遥恣意：

> 李侯有佳句，往往似阴铿。
>
> 余亦东蒙客，怜君如弟兄。
>
> 醉眠秋共被，携手日同行。
>
> 更想幽期处，还寻北郭生。
>
> ——《与李十二白同寻范十隐居》

杜甫本性专注而执着，他的一生，无论是对国家、对妻子还是对友人，向来用情很深。作为李白的仰慕者，他把未见时的崇拜、相聚时的欢快，还有离别后的思念，全都写进了字里行间。

流传下来的杜诗中，有近二十首是写给太白的，标题中直接点出诗仙大名的就达十余首：

> 白也诗无敌，飘然思不群。
>
> 清新庾开府，俊逸鲍参军。
>
> ——《春日忆李白》
>
> 李白斗酒诗百篇，长安市上酒家眠。
>
> 天子呼来不上船，自称臣是酒中仙。
>
> ——《饮中八仙歌》

这是崇拜李白的才情，羡慕李白的洒脱。

> 不见李生久，佯狂真可哀。
> 世人皆欲杀，吾意独怜才。
>
> ——《不见》
>
> 死别已吞声，生别常恻恻。
> 江南瘴疠地，逐客无消息。
>
> ——《梦李白·其一》
>
> 浮云终日行，游子久不至。
> 三夜频梦君，情亲见君意。
>
> ——《梦李白·其二》

这是李白因"附逆"获罪之后，杜甫流露出的同情、牵挂和担心。
自从遇见诗仙哥哥后，杜甫的日常生活，除了写诗，便是相思：

> 凉风起天末，君子意如何。
> 鸿雁几时到？江湖秋水多。
>
> ——《天末怀李白》
>
> 寂寞书斋里，终朝独尔思。
> 更寻嘉树传，不忘角弓诗。
>
> ——《冬日有怀李白》

即便到了晚年，杜甫贫病交加，但只要忆起当年与李白交游的场景，依然久久不能平静：

昔者与高李，晚登单父台。

寒芜际碣石，万里风云来。

————《昔游》

忆与高李辈，论交入酒垆。

两公壮藻思，得我色敷腴。

气酣登吹台，怀古视平芜。

————《遣怀》

四

作为一个浪漫主义诗人，杜甫的这份友情，李白自然了然于心，也曾写诗回赠。

山东重逢，他调侃戏谑：

饭颗山头逢杜甫，顶戴笠子日卓午。

借问别来太瘦生，总为从前作诗苦。

————《戏赠杜甫》

举杯送别，他又怅然若失：

云归碧海夕，雁没青天时。

相失各万里，茫然空尔思。

————《秋日鲁郡尧祠亭上宴别杜补阙范侍御》

天各一方，他依旧情真意切：

秋波落泗水，海色明徂徕。

飞蓬各自远，且尽手中杯。

——《鲁郡东石门送杜二甫》

鲁酒不可醉，齐歌空复情。

思君若汶水，浩荡寄南征。

——《沙丘城下寄杜甫》

满打满算，李白总共给杜甫写了四首诗，其中两首的真实性还有待考证。这样看来，李白与杜甫的感情确实不对等。

但有些事情不能以常理而论，尤其是李白，他生来就不是凡人。他人生中的每一段，都是无法复制的传奇。

从"少任侠，手刃数人"（《李翰林集序》），到"醉草吓蛮书"（《警世通言》），再到天子"降辇步迎""亲手调羹"，然后"赐金放还""千金散尽"，直至传说中的"因醉入水中捉月而死"（《唐摭言》）……

他的世界够大、够辽阔，既胸怀社稷江山，也向往九天飞仙，既渴望建功立业，又贪恋明月清泉。

显贵时与帝王同饮，落魄后"独酌无相亲"（《月下独酌》），写诗无数，醉酒无数，阅人更是无数。

李白深受道家影响，崇尚清静无为、率性而为，任何一段交情于他而言，不过是苍茫的天海间偶尔飞过的一只海燕，掠过无痕，波澜不惊。

更何况文人、士大夫本就是李白最不待见的群体。他的朋友，不是东岩子、元丹丘这般的方外高人，就是汪伦、纪叟这样的乡野村夫。除了孟浩然、贺知章和王昌龄，应该数不出十个文化人，且前两位更是自带仙气出场的类型。

而对于杜甫这个小迷弟，他能在百忙之余写诗回赠，已经是高看一格，厚爱三分。

如此说来，李白对杜甫不存在虚情假意，更不是传言中的无情又无义。

试想，如果真的视杜甫为空气，他又岂能写出"思君若汶水，浩荡寄南征"这般深情款款的诗句？

所以，那些用《赠汪伦》来调侃李、杜情谊的人，莫非是杨国忠和高力士雇佣来的？

颜真卿

字如其人的大唐书魂，忠烈刚正的乱世名臣

一

公元 753 年，对于泱泱大唐而言，不过又是万国来朝、歌舞升平的一年。

和以往稍有不同的是，权倾朝野、炙手可热的杨国忠，竟也在天子面前屡屡进言，称安禄山狼子野心，欲图谋反，应早做防范。

杨国忠不同于张九龄，是皇帝身边的头号大红人。

他几次三番的质疑与提醒，终于让李隆基对安禄山的信任动摇了几分。

朝廷遂派出大太监辅趚（sù）琳，赶往范阳秘密调查，以了解真相，摸清实情。

谁知道这个阉人，却与安禄山沆瀣一气，得其贿赂之后，就在天子面前盛言其忠，完全置大唐安危于不顾。

李隆基轻信了他的话，转眼又对安禄山大加赏赐，宠信万分。

但意外来得极快。两年之后，"安史之乱"猛然爆发。

天下承平日久，朝廷战备废弛，面对乱军铁蹄，河北大片州郡，竟毫无抵抗之力，纷纷沦陷。

消息传至长安，李隆基恍若梦中，他既不愿意相信，天子视为股肱的地方大员，有一天会倒戈相向，更不愿意相信，河北二十四郡，竟无一人是忠臣。

正当愁眉不展之际，兵部突然送来一封战报，称平原太守颜真卿，在叛军起事之前，就已经开始修筑工事，加强防御，目前仍在坚守城池，奋勇抗敌。

总算有一个好消息。

李隆基大喜："这个颜真卿究竟是何人？朕必当重赏重用之。"

身为九五之尊，他当然不会认识一个小郡太守，更不会知道，颜真卿是被人赶出京城，才到了平原郡。

二

公元 709 年，颜真卿出生于京兆万年（今陕西西安）。

琅琊颜氏自古就是名门望族，位列孔门七十二贤之首、在《论语》中出现频率极高的颜回，即是颜真卿的先祖。

其五世祖颜之推是隋朝东宫学士，所著《颜氏家训》，被誉为"古今家训，以此为祖"。

叔祖父颜师古则是初唐著名史学家，以毕生所学为《汉书》作注，深受太宗好评，有"汉书功臣"之称。

只可惜颜真卿幼年丧父，家道衰落，从小与母亲相依为命，依靠舅父接济，才能勉强维持生活。

好在母亲殷氏同样出身名门，学识渊博，品行高洁，对孩子的要求极为严格。

在她的呵护与督促下，颜真卿化身为"小镇做题家"，闭门苦读，饱览诗书，终于学有所成。

开元二十四年（736），青年颜真卿一路过关斩将，顺利进士及第，并通过吏部铨选，获任校书郎，随后相继担任长安县尉、临川内史和监察御史等职。

刚刚进入官场，他就干了几件大事，在收获盛名的同时，也因为锋芒早露，招人嫉恨，为日后的仕途埋下了祸根。

五原衙门久不办案，滞讼多年，又逢大旱时节，灾荒不断，百姓苦不堪言。

颜真卿巡查至此，以御史身份迅速介入，平反冤案，惩治贪腐，离开五原当日，突然天降甘霖，时人皆呼："此乃御史雨也。"

朔方县令郑延祚在母亲逝世后，竟将灵柩弃于破庙，三十年而不葬。

普天之下，岂有如此不孝之人！颜真卿气得破口大骂，遂上书朝廷，狠狠参了一本。

很快，郑延祚就被贬为庶民，且终身不得为官。朝野上下，一片骇然。

中丞宋浑是名相宋璟之子，因为得罪了酷吏吉温，被栽赃陷害贬至贺州。

宋、吉二人同为颜真卿上司，此事与他也无直接关联。保持沉默，应该就是最好的选择。

但正义感爆棚的颜真卿却找到吉温质问："你岂能为泄私愤，而构陷忠良之后？"

如此以下犯上，是可忍，孰不可忍。吉温连忙找到靠山杨国忠，随便网罗一个罪名，就将颜真卿赶出京城，贬为平原太守。

三

平原郡属于安禄山的势力范围，当时他的谋逆之心，除了李隆基，已是路人皆知。

颜真卿到任后，发现情况不对，立马着手防备，暗地里招兵买马，囤粮积草，表面上却与同僚终日泛舟，抚琴对弈，煮茶饮酒。

安禄山一看，认为区区一介书生，最多能当个太平官，不足为虑，便放松了警惕。

颜真卿趁机以阴雨不断为由，夯实城墙，疏通河道，等到战乱爆发之时，河北大部分郡县相继失守，唯有平原郡宛若铜墙铁壁，多次挡住叛军攻击，引得饶阳、济南、清河各地长官纷纷带领守军前来投奔。

常州太守颜杲（gǎo）卿，是颜真卿的堂兄，在与叛军决战中，成功斩杀安禄山得力部下李钦凑，又擒获叛将高邈、何千年，平定了土门之乱。

一时间，颜氏兄弟声名大振，远近各郡齐声响应，全都杀掉叛军守将，重新归顺朝廷。大唐在河北可用兵力，瞬间达到二十万之众。

颜真卿也由此被众人推选为盟主，统领前线抗敌军务，并被朝廷任命为户部侍郎，辅佐河东节度使李光弼讨伐叛军。

此时，李隆基已经逃亡四川，太子李亨在灵武即位，是为唐肃宗。

颜真卿多次以蜡丸裹书，向新皇呈报前线战局。

平原郡战略地位显要，李亨又正值用人之际，与朝廷取得联系

后，颜真卿迅速被任命为工部尚书、御史大夫、兼河北招讨采访使。

"两京"收复之时，颜真卿也跟随李亨回到长安。

作为一个在"安史之乱"中拥护肃宗、立有战功的大臣，他理应受到朝廷重用。

只可惜，颜真卿的刚烈与耿直，始终都是为官路上的绊脚石。

四

初回长安，肃宗准备祭祀宗庙，在祝词上署名"嗣皇帝"。

所谓"嗣皇帝"，是指经过旧皇恩准、合法继承大位的新皇。

李亨虽为太子，却属特殊时期匆忙继位，事先并未获得玄宗许可。对于刚刚经历叛乱的朝廷来说，这是一个相当敏感的话题，谁都不敢主动提及。

唯有中年诤臣颜真卿，竟向礼仪使崔器发问："太上皇尚在四川，陛下如此落款是否合适？"

李亨得知后，主动改掉署名，并表扬颜真卿富于才干、卓有远见。

只是这褒奖之语，究竟是发自肺腑，还是另有深意，史书未有明确记载，世人也就无从得知。

颜真卿倒是毫不在乎，上朝之时，遇有不平之事，他仍会直言进谏、据理力争。

宰相大人终是不胜其烦，将其调为冯翊太守，后又降为饶州刺史，彻底赶出京城，只图一个耳根清净。

宝应元年（762），代宗登基。宰相元载结党营私，企图一手遮天，竟向皇帝建议，文武百官所上奏折，必须经他审核之后，方可呈进内廷，以免谗言误事，混淆视听。

简直就是天大的笑话，元载的这番怪论，本身就是最恶毒的谗言。

已经担任尚书右丞的颜真卿，立刻洋洋洒洒，写下一篇长疏，称"今日之事，旷古未有"，大唐朝廷绝不能重蹈覆辙，再度重用李林甫、杨国忠般的佞臣，希望天子"博闻谠（dǎng）言，以广视听"，否则天下无望，江山危哉，如果"不早觉悟"，等到"渐成孤立"，则"后悔无及矣"。

这便是著名的《论百官论事疏》，语气、措辞都极为严厉，与一甲子之后的《论佛骨表》相差无几。

看得出来，颜真卿出走半生，归来还是那个最倔强的人。很快，他又被贬出京城，降为峡州别驾。

元载死后，经宰相杨绾举荐，颜真卿得以重返长安，擢升为刑部尚书。

转眼到了德宗朝，又逢奸相卢杞蛮横专权，党同伐异。宰相杨炎、御史大夫严郢、汾州刺史刘暹（xiān）相继遭到打压、迫害，刚正不阿、嫉恶如仇的颜真卿，自然也成了他的眼中钉。

卢杞先是改其为太子太师，后又派人到处打听，哪个藩镇适宜调整长官，准备将他踢出京城。

颜真卿义愤填膺，高声怒斥卢杞："当初你的父亲卢中丞，头颅被安禄山送到平原示众，满脸是血，惨不忍睹。我不忍以衣擦拭，乃用舌头舔净。如今你却这般不容于我，究竟是何道理！"

卢杞惶恐至极，赶忙伏身跪拜，嘴上连连谢罪，心里却是怒火中烧，恨不得让颜真卿原地消失，当场去世。

五

建中四年（783），卢杞终于等到了机会。

当时，淮西节度使李希烈起兵造反，汝州沦陷。

卢杞借机怂恿德宗："颜真卿威望极高，四方所信。如果派他前去宣抚，当不费一兵一卒，叛乱自平。"

根本不考虑这个提议的安全性与可行性，糊涂的德宗皇帝就满口答应。

朝堂上下都震惊不已，纷纷劝阻颜真卿，切莫以身犯险，以免大唐蒙羞受辱、痛失老臣。

颜真卿却是大义凛然："身为臣子，岂能有违圣命！"说完，便翻身上马，飞奔敌营。

在汝州，任凭叛军威逼利诱，软硬兼施，颜真卿都是一身傲骨，宁死不屈。

李希烈无计可施，只得将其押往蔡州，派重兵看守，以为终有一天，他能改变主意，臣服于己。

一年后，听闻弟弟李希倩被唐军所诛，李希烈不禁恼羞成怒，遂起报复之心，决定斩杀颜真卿。

那天，太监走进牢房，厉声高呼："有诏！"

颜真卿毕恭毕敬，叩首躬身。

太监又称："今奉圣命，赐汝一死。"

颜真卿回应："老臣有辱使命，论罪当斩。不知使者几时从长安而来？"

太监答话："自汝州来，非长安也。"

颜真卿大怒："竟是叛贼，怎敢称诏！"然后起身站立，慷慨赴死，时年七十六岁。

正在前线平叛的曹王李皋，听闻噩耗，顿时泣不成声。三军将士，也都涕泗交零，悲伤万分。

半年后，朝廷收复淮西、蔡州，颜真卿之子颜頵（jūn）、颜硕才护送灵柩回京，将父亲葬于颜氏祖茔。

天子特意为其罢朝五天，追赠司徒，谥为"文忠"，又赠钱五十万、粟二百石，以示追念与抚恤。

六

颜真卿以书法闻名于后世。

他初学褚遂良，又师从张旭，与柳公权齐名，有"颜筋柳骨"之称，是唐朝"四大书法家"之一，代表作《祭侄文稿》在书坛地位仅次于《兰亭集序》，被誉为"天下行书第二"。

但在中唐时期，颜真卿备受朝野敬重，却与翰墨几无关联。

他至忠至烈，一身正气。仕途几番起伏，屡遭权贵排挤，依然铁骨铮铮，不改初心，只言公正之事，不求一己之私。

李豫驾崩后，朝廷商议追谥事宜。颜真卿直言不讳："谥号之褒贬，不在字数多少。吾朝历代帝王谥号太长，更有十一字者，实在有逾古制，应效仿周朝文、武二帝，以省文尚质，正名敦本。"

身为臣子，连先皇的谥号都敢抨击，这般铁骨铮铮，实在未有伦比。

他克己奉公，为官清廉。不论身为京师高官，还是地方大员，都是两袖清风，一尘不染。

大历年间，关中大旱，江南水灾，颜真卿连续数月举家食粥，几近断炊之际，才致信友人，寻求资助：

> 拙于生事，举家食粥，来已数月。今又罄竭，只益忧煎，辄恃深情。故令投告，惠及少米，实济艰勤。仍恕干烦也。
>
> ——《乞米帖》

堂堂刑部尚书，日子却过得如此拮据，皆因他"拙于生事"，除了朝廷俸禄，别无敛财之路。

果然是"字如其人"，字正身更正：

> 予观颜鲁公《乞米》及《醋》二帖，知其不以贫贱为愧，故能守道，虽犯难不可屈。刚正之气，发于诚心，与其字体无以异也。
>
> ——宋·黄裳《溪山集》

他爱才惜才，乐于提携后进。主政时期，每到一郡，必会尊师重教，大兴文风，遍访乡贤，延揽英才。

在平原，清高傲慢的处士张镐因为颜真卿的举荐，才走出深山，跻身朝堂，最终位列宰执。

在抚州，他惩戒嫌贫爱富、欲改嫁他人的女子，资助其贫困落魄、正在寒窗苦读的丈夫，仅凭一份判词，竟使得"江左十数年来，莫有敢弃其夫者［唐·范摅（shū）《云溪友议》］"。

在湖州，他广罗文化精英，定期聚会宴饮，联句作诗，最终带动形成"吴中诗派"，开一代风气之先……

或许正因如此，历朝历代的正史、野史，提到这位忠义大节的名臣时，才会极尽赞赏之语、不吝褒扬之词：

真卿立朝正色，刚而有礼，非公言直道，不萌于心。

——北宋·宋祁、欧阳修《新唐书》

颜鲁公忠义大节，照映今古，岂唯唐朝人士罕见比伦，自汉以来，殆可屈指也。

——南宋·洪迈《容斋笔记》

颜鲁公三朝旧臣，忠直刚决，名重海内，人所信服。

——明·罗贯中《隋唐野史》

杜甫

老夫聊发少年狂

一

唐大历年间，白帝城外，瞿塘峡边，前去赴宴的杜甫正策马扬鞭，一路飞奔。

此次宴会款待杜甫的是夔州都督柏茂林，席间也尽是州府官员和名流乡绅，正所谓"谈笑有鸿儒，往来无白丁"，众人诗酒话生平，畅快淋漓。

辞行时，杜甫醉眼蒙眬，却欲骑马而归。众人将信将疑："柏大人，杜工部这把年纪了，真的能行吗？"

无奈杜甫执意如此，都督大人只得应允。不待众人做出反应，老杜已经翻身上马，目视前方，手握缰绳，弯腰伏身，飞速骑行。

眼前水村山郭，茂林修竹，还有田野溪流，柴房草垛，都呼啸而过。脚下尘土飞扬，碎石四溅，连山间的树叶都被震得簌簌作响，惹得路旁的行人纷纷驻足观望。

二

骑程过半时，藏在泥泞中的半截树桩绊倒了风驰电掣的骏马，老杜措手不及，摔得一塌糊涂。

围观的百姓连忙走上前去，扶起了四脚朝天的杜甫。老杜羞得满脸通红，抱拳道谢后，赶紧牵着受伤的马儿，趔趔趄趄地走回了家。

杜甫"酒驾"受伤的消息很快传遍了当地。柏茂林听说后，立刻带着一帮朋友，载着几坛美酒登门慰问。众人再次邀请杜甫一起，酒肉如山，丝竹悠远，游乐到日暮西山，依旧兴致不减。

觥筹交错间，杜甫不停地大声喧呼，像是在劝慰别人，又像是在安慰自己："我这点小伤，何足挂齿。嵇康那么注重养生的人，还不是被砍了头！"

尽欢而散之后，杜甫用一首长诗，记下了当日的欢喜：

甫也诸侯老宾客，罢酒酣歌拓金戟。

骑马忽忆少年时，散蹄迸落瞿塘石。

白帝城门水云外，低身直下八千尺。

粉堞电转紫游缰，东得平冈出天壁。

江村野堂争入眼，垂鞭嚲鞚凌紫陌。

向来皓首惊万人，自倚红颜能骑射。

安知决臆追风足，朱汗骖骝犹喷玉。

不虞一蹶终损伤，人生快意多所辱。

职当忧戚伏衾枕，况乃迟暮加烦促。

明知来问腆我颜，杖藜强起依僮仆。

语尽还成开口笑，提携别扫清溪曲。

酒肉如山又一时，初筵哀丝动豪竹。

共指西日不相贷，喧呼且覆杯中渌。

何必走马来为问，君不见嵇康养生遭杀戮。

——《醉为马坠，诸公携酒相看》

这首诗像极了出自"酒仙"李白之手，即便录入《太白诗集》也毫无违和之感，但作者确是杜甫无疑。

三

或许是因为，"国破山河在，城春草木深"（《春望》）、"残杯与冷炙，到处潜悲辛"（《奉赠韦左丞丈二十二韵》），还有"亲朋无一字，老病有孤舟"（《登岳阳楼》）、"朱门酒肉臭，路有冻死骨"（《自京赴奉先县咏怀五百字》），这些经典之语实在深入人心，老杜留给世人的印象不是忧国忧民，就是苦大"愁"深。

但实际上，身为名门之后的杜甫骨子里也有风流豪放、疏狂洒脱的基因。

和李白一样，他很爱喝酒，喜欢写"酒诗"，流传下来的一千多首诗歌中，有超过五分之一的内容与酒有关。

未及弱冠，他已经"性豪业嗜酒……饮酣视八极"（《壮游》）。

困守长安，他直言"不须闻此意惨怆，生前相遇且衔杯"（《醉时歌》）。

任职谏院，他依然"朝回日日典春衣，每日江头尽醉归"（《曲江二首》）。

客居成都，他更是"莫思身外无穷事，且尽生前有限杯"（《绝句漫兴九首》）。

即便年近花甲，身体大不如前，杜甫的酒兴和酒量也丝毫不减当年。

大历三年（768）春，杜甫出川北上，路经江陵之时，偶遇尚书李之芳。几个人吃完晚餐后，又继续在月色中通宵开怀畅饮：

> 湖月林风相与清，残樽下马复同倾。
>
> 久判野鹤如霜鬓，遮莫邻鸡下五更。
>
> ——《书堂饮既，夜复邀李尚书下马，月下赋绝句》

足见杜甫的一生，也是写诗无数，饮酒无数。

当然，与偶像李白相比，老杜这个小迷弟喝酒时的心境远没有老李那么潇洒。

同样是喝酒，李白"三杯通大道，一斗合自然"（《月下独酌》）、"烹羊宰牛且为乐，会须一饮三百杯"（《将进酒》），喝的是痛快、任性和豪迈。

杜甫则是"飘零还柏酒，衰病只藜床"（《元日示宗武》）、"沉饮聊自遣，放歌颇愁绝"（《自京赴奉先县咏怀五百字》），喝的是漂泊、孤独和愁苦。

唯独在夔州的某些时刻，杜甫像是换了一个人，写出来的诗句里竟有几分闲适和安逸。

四

夔州的两任长官都对杜甫格外照顾。

老杜刚到夔州，刺史王崟（yín）就让他住进州衙的客堂，并安排奴仆，照料饮食起居。

王崟调走后，继任者是柏茂林。

柏都督是严武的下属，为远道而来的杜甫提供了莫大的帮助。

夔州地处巴蜀之隅，经济不比中原繁华，文化也没有中原发达，整个唐朝仅有一人金榜题名。

天宝九年（750），杜甫曾进献《大礼赋》，获得玄宗赏识，得以待制集贤院。

如今，柏茂林就职夔州，撰写"谢表"的任务自然非老杜莫属。

在这篇《为夔府柏都督谢上表》中，杜甫将"一饭未尝忘君"的忠贞发挥到了极致。

他借柏茂林之口，写出了自己的施政理想，同时也对夔州的长官寄予厚望，希望他能安民乐业、轻税薄赋、严明刑罚、体恤民生、平定战乱……

> 爱惜陛下之百姓，先之以简易，间之以乐业，均之以赋敛，终之以敦劝。然后毕禁将士之暴，弘洽主客之宜，示以刑典难犯之科，宽以困穷计无所出，哀今之人，庶古之道，内救茕独，外攘师寇。
>
> ——《为夔府柏都督谢上表》

好在新上任的柏茂林勤于政事，廉洁爱民，杜甫看在眼里，喜在心里，多次写诗称颂他的政绩：

柏公镇夔国，滞务兹一扫。

——《园人送瓜》

城中贤府主，处贵如白屋。

——《课伐木》

柏茂林对他的经济援助也从来没有间断（"主人柏中丞，频分月俸"），杜甫的诗句里常有这样的话语："疲苶（nié）烦亲故，诸侯数赐金。"（《峡口二首》）

在柏大人的推荐下，杜甫还为朝廷代管百顷公田，成了半个官场内的人。

领上俸禄之后，他便开始租田种粮，买地种树，养鸡种菜，甚至有了仆人和长工，产出的粮食在解决温饱之余，还能接济周边的穷人。

此时的杜甫无论作文还是赋诗，经常写到的应该都是这八个字：岁月静好，现世安稳。

五

夔州地势险要，山川秀美，是杜甫向往已久的地方。

孟浩然、李白、王维、高适，还有后来的刘禹锡、白居易，都曾到过此地，留下了诸如"桃花飞绿水，三月下瞿塘"（李白·《宿巫山下》）、"青枫江上秋帆远，白帝城边古木疏"（高适·《送李少府贬峡中王少府贬长沙》）、"山上层层桃李花，云间烟火是人家"（刘禹锡·《竹枝词》）等绝美的诗句。

当年在长安，杜甫就从街头的山水画中见识过瞿塘峡的奇秀和壮丽：

> 忆昔咸阳都市合，山水之图张卖时。
> 巫峡曾经宝屏见，楚宫犹对碧峰疑。
>
> ——《夔州歌十绝句·其八》

到了夔州，他欣喜地发现，这里俨然就是一处世外桃源：

> 枫林橘树丹青合，复道重楼锦绣悬。
>
> ——《夔州歌十绝句·其四》
>
> 瀼东瀼西一万家，江北江南春冬花。
>
> ——《夔州歌十绝句·其五》

对于诗人而言，美妙的风景不仅能抚慰内心，更能催生灵感。这一时期，杜甫的诗歌创作也达到巅峰，不仅数量超过四百首，占现存作品的三分之一，而且涌现出了许多脍炙人口的名作：

功盖三分国，名成八阵图。

江流石不转，遗恨失吞吴。

——《八阵图》

风急天高猿啸哀，渚清沙白鸟飞回。

无边落木萧萧下，不尽长江滚滚来。

万里悲秋常作客，百年多病独登台。

艰难苦恨繁霜鬓，潦倒新停浊酒杯。

——《登高》

　　宽敞的住房、丰足的保障，还有诗情画意般的风景，以及地方长官的礼遇之恩……前半生"无一日之欢"的杜甫，终于在夔州感受到了少有的幸福与满足。

　　如此，他在宴饮之后，老夫聊发少年狂，偶尔策马狂奔，飞驰人生，也就在情理之中了。

　　但杜甫毕竟是杜甫，潇洒恣意、无忧无虑的生活不是全部，只是插曲。

　　秀美安逸的夔州，终究阻挡不了他北归的脚步。

　　公元768年，杜甫乘船离开四川，漂泊辗转两年后，病逝于湖南。

　　"此生那老蜀，不死会归秦。"（《奉送严公入朝十韵》）这是杜甫入川后不久写下的诗句。

　　秦是哪里？长安。

　　长安有什么？朝廷。

周敦颐

学为开山鼻祖，德守君子之范

一

北宋嘉祐六年（1061），京城开封。

王安石正站在窗边，愁眉不展。

一年前，他满怀希望，向仁宗呈上万言书，建议改革法度，整顿吏治，却引来满堂文武的冷嘲热讽。

郁郁寡欢的王安石只得向宰相富弼求助，希望远离京城，找一个悠闲的地方，做一个清净的闲人。

朝廷却连下多道诏书，将他留在汴京，让他编修《起居注》。

本想雄鹰展翅，却困于悬崖绝壁，王安石心里的落差可想而知。

看着远方雾蒙蒙的天空，他犹豫是否再写一封辞呈，好结束这种接受不了，也拒绝不了的生活，突然卜人来报："道州周敦颐求见！"

王安石精神为之一振。周敦颐长他四岁，是他仰慕已久的贤者。他立刻吩咐左右，安排接见。

这是一场大师级别的会面，更是一场学术和思想的私家盛宴。

两个人一见如故，相谈甚欢，从艳阳高照，一直聊到了月出东山。周敦颐的才识和睿智，让王安石大有醍醐灌顶、相遇恨晚之感，交谈结束后，王安石仍然沉浸其中，久久不能平静。

　　时王荆公安石年三十九……与先生相遇，语连日夜，安石退而精思，至忘寝食。

——《周敦颐年谱》

　　周敦颐到底是何方高人，可以让心高气傲、号称"通儒"的王安石虔诚至此？

　　那就得从五十年前说起了。

二

　　公元 1017 年，周敦颐出生于道州（湖南道县）。祖父和父亲皆是进士出身的读书人。在长辈的悉心教导下，聪敏好学的周敦颐，小小年纪便饱读诗书，学有所成。

　　五岁时，他看到大人们围在一起，讨论村前的五个土墩该如何命名，大家你一言、我一语，意见始终不能统一。

　　周敦颐就走上前去，奶声奶气地告诉众人："看这土墩分布的形状，要不就叫五星墩吧。东边是木星，南边为火星，西边是金星，北边唤水星，中间称土星。"

　　轻轻松松，就有了六个名字，大家顿时愣在原地，惊奇不已。

　　虽然五行之说在古代属于常识范畴，但一个五岁的孩童能够牢记于心，运用得如此恰到好处，不得不令人叹服。

　　等到年龄稍长，在征得家里人同意后，周敦颐就带着书本和仆人住进了村后的"月岩"。白天，他埋头苦读，吟诗诵赋。夜里，

他则观察星象，思悟造化之道。

不久，周敦颐父亲病逝。迫于生计，周家只得举家迁往衡阳，投靠舅舅郑向。好在舅舅对他视若己出，疼爱无比，虽是寄居却未曾受过丝毫委屈。

知道外甥喜欢莲花、偏爱清净，郑向就在自家门前挖出一个湖，种上一片莲，再建起小亭，装上栏杆，供其研学习文，参经悟道。

甚至，当朝廷恩准郑家可以推荐一名子弟蒙荫授官之时，舅舅二话不说，直接就将这个名额转给了周敦颐。

这个郑向，真是打着灯笼都找不到的好舅舅。因为他的关爱和庇护，周敦颐的人生在七年间就实现了华丽转身。

遗憾的是，景祐四年（1037），舅舅和母亲都相继离世，周敦颐遂辞官去职回到镇江，在鹤林寺服丧守制。

二

康定元年（1040），二十四岁的周敦颐守孝期满，出任洪州（南昌）分宁县主簿。

当时，衙门里正有一桩积案，久断不决。周敦颐听说后，召来涉案人员一审，不过半晌就把其中的是非曲直，辨得一清二楚。

身旁年长的同僚，一个个面色铁青，尴尬万分。

初来乍到的周敦颐，因为这番三下五除二的操作，一鸣惊人。很快，他就被委以重任，兼管芦溪市征局，负责征税收赋。

听说周敦颐在此任职，当地的书生学子纷纷前来拜会交流。周敦颐也常常在公务之余，和他们一起游山玩水，吟诗作对。

芦溪东南多山，峻岭悬崖间，灌木最为常见，但大多比较矮小，不到半人高。唯独筱山石上的一棵荆柴，历经千年而不枯，长成了参天大树。

周敦颐见到后，不禁大为称奇，连忙赋诗一首，赞其铮铮铁骨，无惧风雨：

> 筱山石上荆柴王，世间只此别无双。
> 久经沧桑风骨在，苍劲挺拔傲雪霜。
>
> ——《咏筱山石荆柴王》

周敦颐这是在托物言志，作为职场新人，周敦颐也是一身傲骨，初生牛犊不怕虎。

由于勤勉公正，在分宁待满四年后，他迅速被提拔为南安军司理参军。

南安军转运使王逵，素来武断专横，执法严峻。周敦颐赴任时，王逵的老毛病又犯了，他要杀掉一个罪不至死之人。

迫于"一把手"的威严，众多属官都是敢怒不敢言。

周敦颐却拍案而起，大声抗议："如此草菅人命，不是媚上，便是昧心，吾等绝不同流合污！"说完，便拂袖而去。

王逵多年来断案无数，一直秉承着从重、从快、从严的原则。犯人也好，同僚也罢，无人敢有异议。

于是王逵始终坚持自己的行事风格，而周敦颐一顿突如其来的呵斥，犹如当头棒喝，让他虎躯一震，瞬间警醒。他免掉犯人死罪后，不仅没有责怪周敦颐，反而对他刮目相看，厚爱三分。

庆历六年（1046），程珦任兴国知县，兼辅南安军军事。

程珦比周敦颐年长十岁，职位也要高出许多，但这个年轻人的博学多才、正直仁爱，却让他赞叹不止、钦佩不已。

于是他将儿子程颢、程颐接到赣州，特意拜周敦颐为师，求学问道，习文练艺。

周敦颐自是毫无保留，倾囊相授，除了教习颜学仲尼之说，还将原创的《太极图说》传给了两位弟子。

经他启蒙和点拨，后来的"二程"，终于创立"洛学"，成为一代理学大师。

四

公元1046年冬，经王逵推荐，周敦颐升任郴县令，随后十余年，他辗转于江西、四川、湖南和广东等地，

或为主官，或为通判，虽然都是州府小官，且岗位变换频繁，但是有两件事，他始终都在关注。

一是兴教办学。在郴县，他扩校舍，建书堂，作《修学记》，劝学倡文；在合州，他借乡绅的私家花园设立州学，邀请贤师大儒前来讲学传道；在邵州，他上任伊始，就倾全州之力，将破旧不堪的州学迁址重建，并在正式开学前，举办隆重的"释菜礼"……

在周敦颐的带动下，他足迹所涉之处，无不崇文厚教、尊师重学。

二是办案平冤。至和元年（1054），周敦颐改授大理寺丞，任南昌知县。

百姓听说之后，都欢呼雀跃，奔走相告："新来的周大人，就是当年审理分宁疑案之人，我们再也不怕打官司了。"

不出三个月，周敦颐就断了好几场积案，为非作歹之人，全被绳之以法。南昌的富豪劣绅、村霸恶少，从此不敢再有乱心。

巡视阳江期间，周敦颐更是以为百姓洗冤昭雪为己任，即便岭南地区山高路远、瘴气满林，他也不畏艰险，一往无前，走村入户，查访案情，以致积劳成疾、一病不起。

正是因为如此，他从广东离任之后，百姓全都感念不已，纷纷捐资出力，为他建生祠、立塑像，记其功、彰其德。

公元1072年，感染瘴疠的周敦颐多次婉拒朝廷的诏书，执意辞去官职，归隐乡里。次年六月，他病逝于庐山莲花峰下，终年五十七岁。

五

水陆草木之花，可爱者甚蕃。晋陶渊明独爱菊。自李唐来，世人甚爱牡丹。予独爱莲之出淤泥而不染，濯清涟而不妖，中通外直，不蔓不枝，香远益清，亭亭净植，可远观而不可亵玩焉。

予谓菊，花之隐逸者也；牡丹，花之富贵者也；莲，
花之君子者也。噫！菊之爱，陶后鲜有闻。莲之爱，同予
者何人？牡丹之爱，宜乎众矣！

——《爱莲说》

嘉祐八年（1063）五月，四十七岁的周敦颐在赣州通判任上写
下了千古绝唱《爱莲说》，这同样是一篇托物言志之作。

《宋史》评价周敦颐"博学行力"。

"博学"自不必说，他被誉为"北宋五子"之一，是理学的开
山鼻祖，其《太极图说》和《通书》两本著作，阐发心性义理之精微，
对于"二程"、朱熹以及后世学者而言，有发端、启明、破暗之功。

他提倡"文以载道"，强调"宁拙勿巧"，将道德义理融入朴
实平畅的诗文之中。这种创作主张，不仅在当时自成一体，还对以
黄庭坚为代表的"江西诗派"有着极其深远的影响。

"行力"则体现为他的知行合一、表里如一。

"出淤泥而不染""中通外直，不蔓不枝""可远观而不可亵
玩焉"……因为《爱莲说》的存在，世人对"君子"的定义，基本
趋于统一。

现实中的周敦颐，更是用自身言行，对"君子"二字做出了最
硬核的诠释。他仁爱至诚，清廉仗义，无论是做官还是为人，都几
乎无可挑剔。

在郴州，太守李初平对他有知遇之恩。李初平去世时，其子尚幼。

周敦颐不仅为其护丧归葬，还常年资助其家人，直至幼子长大成人。

在洪州，他突染暴疾，命垂一线，昏迷了一天一夜才苏醒过来。前来料理"后事"的友人发现，他的全部家产竟然只有几十文钱，当场惊叹不已。

在永州，有族人专程来信，希望谋得一官半职。周敦颐立刻回诗一首，委托他转告父老亲友，自己粗茶淡饭，勤政为民，只是想做个清官，睡得安稳：

> 老子生来骨性寒，宦情不改旧儒酸。
>
> 停杯厌饮得醨味，举箸常餐淡菜盘。
>
> 事冗不知筋力倦，官清赢得梦魂安。
>
> 故人欲问吾何况，为道舂陵只一般。
>
> ——《任所寄乡关故旧》

端州太守杜咨，大肆抢夺端砚谋利，百姓怨声载道，人称"杜万石"。周敦颐听说后，立刻奏请朝廷，规定在端州为官者，每人取端砚不得超过两枚，违者严惩不贷。政令一下，贪风顿息。

周敦颐既非出身名门，也未师从鸿儒，更没有官居一品，甚至连传世之作都屈指可数。但千百年来，不论是周敦颐的出生地，还是任职地，后世之人对他的追念和祭祀都从未停止。

周敦颐何以在身后享有如此高的声誉？

或许黄庭坚的一段话，可以用来回答这个问题：

人品甚高，胸怀洒落，如光风霁月。廉于取名而锐于求志，薄于徼（jiǎo）福而厚于得民，菲于奉身而燕及茕（qióng）嫠（lí），陋于希世而尚友千古。

安贫乐道，洁身自好，不迎合谄媚，不贪图虚名，严以待己，厚德爱民，德之高，望之重，同其者何人？

苏轼

此心安处是吾乡

一

公元 1097 年，距离"靖康之耻"的发生，还有整整三十年，但导致北宋灭亡的种种因素，却早已开始野蛮滋长。

王安石、司马光已经作古多年，朝堂上下围绕"熙宁变法"的新旧党争依旧余波未停。

哲宗刚亲政，就以更改年号的方式，明确表示要继承神宗遗志。他将王安石配享太庙，追谥为"文"，然后起用改革派，再次推行新政。

旧党一脉，则尽遭罢黜。无论是官居相位的文彦博、吕大防和范纯仁，还是在文坛开宗立派的程颐、苏辙和秦观，都被贬官夺恩，降职流放，从此远离朝廷，沉沦下僚，再无东山再起的可能性。

但重新执政的新党首领依旧不放心，他们想方设法地安排了众多耳目对旧党进行监控，不允许有任何差池。

这天，宰相章惇又坐在书桌前，审阅一首惠州传过来的诗篇：

白头萧散满霜风，小阁藤床寄病容。

报道先生春睡美，道人轻打五更钟。

——《纵笔》

春风荡漾，阁楼藤床，为了不打扰先生的美梦，清晨打更的僧人都故意放轻了力度。

这个苏轼,去年刚刚赞叹完广东的美食,游吟"日啖荔枝三百颗,不辞长作岭南人",如今又上演这出戏,莫非日子太过安顺?

就这样,年逾花甲的苏轼,又一次惨遭谪贬,被儿戏般地从广东发往海南。

二

在宋朝"明德慎刑""减死配流"的大环境下,流放海南已属极刑。

苏轼也是"元祐党争"中,唯一被贬到琼州(今海南)的旧党中人。

四月十七日,他就接到了贬为琼州别驾、昌化军(儋州)安置的诏书。

太守方子容前来通知时,还特意安慰他:"命中注定,该有一劫,当泰然处之。"

苏轼只是微微一笑,未有多言。他又何尝不知,儋州地极炎热,海风甚寒,山中雨雾频发,毒气横行,"风土疑非人世"(《移廉州谢上表》),此去海南,必然九死一生,断无生还可能。

但圣命不可违,朝廷要求隔日启程,苏轼只得简单收拾行李,匆忙与亲友告别。

他先是嘱咐长子苏迈,要留在内地,挑起家庭重担。然后致信故旧,交代后事:

> 某垂老投荒,无复生还之望,昨已与长子迈决,已处

置后事矣。

今到海南，首当作棺，次便作墓。

死则葬于海外……生不挈家，死不扶柩，此亦东坡之家风也。

——《与王敏仲八首·其一》

字里行间，全是客死他乡、葬于海南的哀伤与绝望。

唯一感到宽慰的是，在离开广东之前，苏轼竟然还有机会与胞弟苏辙见上一面，实在是意外之喜。

苏辙被贬往雷州，理由同样荒诞：宰相章惇觉得"雷"下之"田"，与"子由"之"由"形状接近，而故意羞辱之。

当时通信并不发达，苏轼赶到梧州时，才听说弟弟苏辙也在滕州，于是披星戴月地追赶，终于得以相见。

儋、雷二州，都在滕州以南，兄弟俩便结伴而行。本就手足情深，又是久别重逢，加之行程紧张，两个人都格外珍惜这短暂的相聚时光，自有道不尽的离愁，诉不完的衷肠。

只是苏氏兄弟未曾料到，广东一别，此生再无重逢之日。

三

臣孤老无托，瘴疠交攻，子孙恸哭于江边，已为死别，魑魅逢迎于海上，宁许生还。

——《到昌化军谢表》

　　尽管已经做了最坏的打算，但儋州极度恶劣的生存环境，还是让初来乍到的苏轼倒吸了一口凉气：

　　　　此间食无肉，病无药，居无室，出无友，冬无炭，夏无寒泉。

　　　　　　　　　　　　　　　　　　　　——《与程秀才》

　　起初，因为县官张中帮助，苏轼和幼子苏过还可以住在官舍中，有一处安身之所。

　　但章惇听说后大为恼火，如果海南比广东还要安逸，那他折腾苏轼的意义何在？

　　很快，他便派专人赶赴儋州，责令苏轼限期搬离，并处理了张中及户部、岭南道的一众官员。此后道、府、县各级衙门之中，再也无人敢问苏轼冷暖。

　　章惇之流，真是手段极其野蛮，用心何其歹毒。

　　幸亏乡亲们及时伸出援手，伐木砍竹，垒石砌土，帮助苏轼父子筑起两间茅屋，总算可以遮风避雨。

　　但苏轼面临的难题，远不止如此。

　　"土人顿顿食薯芋，荐以薰鼠烧蝙蝠"（《闻子由瘦儋耳至难得肉食》），儋州汉、黎杂居，土人的食物，可以是薯芋，也可以是老鼠和蝙蝠，唯独没有麦和粟。

　　作为一个从京城而来的翰林学士，兼任著名美食家，任凭苏轼知识再渊博、厨艺再高超，也是巧妇难为无米之炊，只能"煮蔓菁、

芦菔（fú）、苦荠而食之"（《菜羹赋》）。

可怜苏大学士的生活质量，硬是由文明社会直降到原始部落，这份境况落差，常人实难忍受。

所幸苏轼历来乐观豁达，顽强坚韧，即便置之死地，也能涅槃重生。虽整日受冻挨饿，心里却未有半点空虚。

他来时匆忙，所带衣物不多，更无任何金银细软，唯有陶渊明和柳宗元的几本文集，始终放在床头左右，视为知心好友。

"纵浪大化中，不喜亦不惧"（陶渊明·《形影神三首》），"烟销日出不见人，欸（ǎi）乃一声山水绿"（柳宗元·《渔翁》）……

先贤顺应自然、自得其乐的人生态度，对于逆境中的苏轼来说，是一份难得的慰藉和滋养，于无声中帮他治愈、为他疗伤。苏轼看待周围的眼光，逐渐变得温情而明亮。

四

初到海南，苏轼环视四周，发现海天一色，无边无际，不禁黯然神伤，仰天长叹："吾何时得以逃出此岛耶！"

而后静下心来一想，天地九州，皆在大海之中，芸芸众生，又有谁不是活在海岛之上？只不过岛有大小之分罢了。

> 东坡在儋耳，因试笔，尝自书云：吾始至南海，环视天水无际，凄然伤之曰：何时得出此岛耶？已而思之，天地在积水中，九州在大瀛海中，中国在少海中。有生孰不

苏 轼

在岛者？

——《曲洧旧闻》

思虑至此，那个热情开朗、豪情万丈的苏轼又回来了。

他开始发现，海峡之南的儋州，山水奇绝，风景瑰丽：

> 千山动鳞甲，万谷酣笙钟。
>
> 安知非群仙，钧天宴未终。
>
> ——《行琼儋间肩舆坐睡梦中得句云千山动鳞甲万谷》

千山草木，随风而动，好像鱼腾龙跃，鳞甲翻动。深谷幽洞，因风而号，仿佛笙钟齐鸣，仙乐阵阵。

这里冬无严寒，人皆长寿：

> 然儋耳颇有老人，年百余岁者，往往而是，八九十者
> 不论也。

——《书海南风土》

这里民风淳朴，热情好客：

> 黎山有幽子，形槁神独完。
>
> 负薪入城市，笑我儒衣冠。
>
> 生不闻诗书，岂知有孔颜。

> 翛然独往来，荣辱未易关。
>
> 日暮鸟兽散，家在孤云端。
>
> 问答了不通，叹息指屡弹。
>
> 似言君贵人，草莽栖龙鸾。
>
> 遗我古贝布，海风今岁寒。
>
> ——《和陶拟古九首·其九》

黎人虽然不识诗书，不闻孔孟，和苏轼交流不畅，但仍赠以衣物，助他挡风御寒。

苏轼身边的朋友也慢慢多了起来，既有州衙官员，也有黎族百姓，经常在一起垂钓、论道、宴饮、夜游：

> 城东两黎子，室迩人自远。呼我钓其池，人鱼两忘反。
>
> 使君亦命驾，恨子林塘浅。
>
> ——《和陶田舍始春怀古二首·其二》

与张中同行，钓于城东黎宅，乐而忘返。只可惜池塘太浅，无法尽兴而归。

> 寂寂东坡一病翁，白须萧散满霜风。小儿误喜朱颜在，
>
> 一笑那知是酒红。
>
> ——《纵笔三首·其一》

本来须发凌乱，满面风霜，几杯浊酒下肚，竟然双颊添红，孩子们一阵欢呼，误以为他已返老还童。

> 归舍已三鼓矣。舍中掩关熟睡，已再鼾矣。放杖而笑，孰为得失？过问先生何笑，盖自笑也。
>
> ——《书上元夜游》

元宵佳节，良月静夜，与数位老先生出游。归来已是夜半三更。苏过掩门熟睡，鼾声如雷。苏轼放下拐杖，朗声大笑："夜不归宿，与卧榻酣睡，究竟何为得、何为失？"

此中乐趣，或许只有亲身经历才能深有体会吧。

五

从最初的恐惧和绝望，到后来的接受与适应，逐步安顿下来的苏轼已然喜欢上了这里的一切。

"一饱便终日，高眠忘百须"（《和陶和刘柴桑》），"到处不妨闲卜筑，流年自可数期颐"（《次韵子由三首·其一》）。

对于他来说，只要有好书、有老友、有美酒，即便北归无望，终老于儋州，也未尝不可。但苏轼的心里，从来不只有自己。

"穷年忧黎元，叹息肠内热"（杜甫·《自京赴奉先县咏怀五百字》），既然此生与儋州结缘，就不应该忘了身边的老百姓。

在儋州，他至少做了三件大事：

一是提倡人人平等。苏轼毫不避讳地指出，黎民屡屡结伙闹事，皆为汉人欺辱压迫所致。两族都是大宋子民，理应平等相待，和谐共处：

> 咨尔汉黎，均是一民。鄙夷不训，夫岂其真。
>
> 怨愤劫质，寻戈相因。欺谩莫诉，曲自我人。
>
> ——《和陶劝农六首·其一》

黎族百姓内部，男尊女卑的观念也非常严重，妇女终日在外操劳，男子却在家里坐享其成，导致生产效率和生活水平都极其低下。

"土风坐男使女立，应当门户女出入。"苏轼发现后，便找到当地乡贤，借助杜甫的古诗《负薪行》，劝导乡亲，改变陋习。

二是推广医药农技。当地人生病从来不吃药，只会杀掉耕牛，请巫医祷告。

苏轼就抄下柳宗元的《牛赋》，告诉百姓牛能耕种，能翻土，能拉货物，可以变穷为富，使饥为饱，必须多加保护，善加利用，不可再干"以巫为医，以牛为药"的蠢事。

他还亲自登山采药，或者致信内地求购，然后翻遍药书，研制良方，治病救人。药到病除后，黎民自然就不再偏信巫医之术。

儋州生产落后，百姓惰于耕种，苏轼又写下多首诗作，规劝百姓团结齐心、相互帮助，改进农具，开荒拓土：

> 听我苦言，其福永久。

利尔锄耜（sì），好尔邻偶。

——《和陶劝农六首·其四》

天不假易，亦不汝匮。

春无遗勤，秋有厚冀。

——《和陶劝农六首·其五》

三是开启人文之盛。儋州本有一所古校舍，衙门却疏于管理，又无人愿意开坛讲学，如今已是草木丛生，废墟一片。

好在苏轼才高八斗，名震天下。他到儋州不久，附近各州学子纷纷慕名前来，求学问道。

苏轼自是坦诚相待，毫无保留，循循善诱，悉心教导。海南历史上的第一个进士符确、第一个举人姜唐佐，以及年近七旬还能考上贡士的王霄，都曾受业于苏轼。

正是得益于东坡先生的文化拓荒，教化未开的海南，才会书声琅琅，弦歌四起，学风日盛，文教日兴：

宋苏文忠公之谪儋耳，讲学明道，教化日兴，琼州人文之盛，实自公启之。

——清·戴肇辰《重建东坡书院并修泂酌亭记》

六

公元 1100 年，早起的苏轼望着一碧如洗的蓝天，突然兴冲冲

地告诉苏过："我有种预感，咱俩应该很快就能北归中原。"

他拿来纸笔，洗砚磨墨，焚香祷告："请上天显灵，我写下平生所作八篇文赋，如果没有任何错漏，则所言必能成真。"

不过半晌，八篇旧赋，一气呵成。苏过取来原稿，逐字比对，果然一字不差。

苏轼大喜过望："回家这事，妥了！"

说来奇怪，当年五月，诏书当真降临儋州，令苏轼量移廉州（广西北海）。

原来哲宗已于正月驾崩，徽宗即位，支持保守派的向太后垂帘听政，被罢职流放的旧党官员一律获释内迁。

离开海南之时，看着眼前的星空碧海，想起儋州的父老乡亲，以及谪迁岁月里的一点一滴，苏轼不免感慨横生，情难自禁：

> 参横斗转欲三更，苦雨终风也解晴。
>
> 云散月明谁点缀？天容海色本澄清。
>
> 空余鲁叟乘桴意，粗识轩辕奏乐声。
>
> 九死南荒吾不恨，兹游奇绝冠平生。
>
> ——《六月二十日夜渡海》

参横斗转，夜色已深，风停雨住，终将放晴。

云散月明，天海澄澈。乘桴浮于海，波涛汹涌如黄帝奏乐之声。

被贬南荒，刻骨铭心，哪怕九死一生，也毫无怨恨。

流放儋州三年间，苏轼从来没有把自己当成外乡人，而是主动融入当地，视百姓黎民为手足兄弟："我本海南民，寄生西蜀州。"
（《别海南黎民表》）

而海南人民，也回馈给他极大的善意与热情，对他百般关心、
万分敬重。连三岁孩童都与他亲密无间，觉得他和蔼可亲："总角
黎家三四童，口吹葱叶送迎翁。"（《被酒独行，遍至子云威徽先觉
四黎之舍，三首·其二》）

千百年来，当地人对苏轼的纪念与缅怀从未停歇。时至今日，
"东坡井""东坡路""东坡帽"等各种冠以苏轼之名的景观与实物，
仍然在儋州随处可见。

在唐宋文坛，苏轼固然举足轻重，是一代宗师级别的人物，但
百姓对他的爱戴与追念，却与诗文无关。他们大多读不懂苏轼的作
品，只是非常敬重他的为人。这就是苏轼的魅力所在。

从这个意义上说，如果只是将苏轼单纯地看成一个文豪，那绝
对是对他的一种低估。关于这一点，近代学者王国维其实早有论断。

他认为在中国古代，最值得敬重的诗人只有四位，那便是屈原、
陶潜、杜甫和苏轼。因为他们即便没有文学之天才，仅凭人格也足
以显耀当世、震烁千古：

> 三代以下之诗人，无过屈子、渊明、子美、子瞻者。
> 此四子者，若无文学之天才，其人格亦自是千古。
>
> ——《文学小言》

世人深以为然。

李清照

爱情如人饮水，冷暖自知

一

北宋建中靖国元年（1101），汴京吏部侍郎赵挺之家。

赵明诚告诉父母和兄长，自己昨晚做了一个梦，有个神仙说，他的姻缘就藏在这三句话里：

言与司合，安上已脱，芝芙草拔。

这是一个字谜。赵家书香门第，解题易如反掌，赵夫人一眼便猜出谜底：词女之夫。

莫非未来的儿媳妇，是一位词女？

京城的千金小姐中，最著名的词女，乃是李格非的女儿李清照。原来孩子已心有所属，赵挺之豁然顿悟。

几天后，赵家前去提亲的媒人便到了李府。

女儿的终身大事，李格非当然高度重视，他左右衡量、深思熟虑之后，最终同意了这门亲事。

从家世来说，李格非时任礼部员外郎，赵挺之为吏部侍郎，可谓门当户对。

于才华而言，李清照十几岁时便写下"常记溪亭日暮""昨夜雨疏风骤"（《如梦令》）等经典辞令，被誉"自少年便有诗名，才力华赡，逼近前辈"（《碧鸡漫志》）。

赵明诚也不是泛泛之流，虽出身于富贵之家，却并非纨绔子弟。

他自幼酷爱诗文，勤学好问，每每看到苏轼、黄庭坚之文，哪怕只有寥寥数语，也会吟诵半天，牢记于心。十岁左右就开始研究古代碑文，且小有所成，获得业界前辈的一致肯定。

最关键的是，赵明诚正在太学就读。这太学生的身份至少可以说明两点：

一是他的才华绝非浪得虚名，而是得到了官方认证；二是在太学就读的年轻人，迟早会进入官场，又有父亲督促指点，铺桥引路，赵明诚的未来，必是一番富贵锦绣的前程。

李、赵联姻，当属天作之合。

就这样，依父母之命，经媒妁之言，十八岁的李清照嫁给了二十一岁的赵明诚。

二

李清照在少年时期就喜欢举杯邀月、对酒当歌，著名的"争渡争渡，惊起一滩鸥鹭"（《如梦令》），便是写于酒酣兴尽之时。

与赵明诚结婚后，她的这些乐趣没有受到丝毫影响。雪地里，月光下，依旧可以秉烛夜饮，一醉方休，"共赏金尊沉绿蚁，莫辞醉，此花不与群花比"（《渔家傲》）、"金尊倒，拚了尽烛，不管黄昏"（《庆清朝慢》）。

在丈夫的影响之下，李清照对金石碑文和古董器具也产生了浓

厚兴趣。

每逢赶集的日子，二人早早地跑到相国寺，先把衣服当了，换取五百钱，再买上喜欢的碑文和吃食，回到家中一边欣赏文物，一边满足口舌之欲，真是"此时情绪此时天，无事小神仙"。

他们唯一的烦恼，就是囊中羞涩撑不起购物的欲望。

崇宁年间，有人拿着一幅徐熙的《牡丹图》，开价二十万钱。

徐熙是南唐著名画家，尤擅花竹林木、蝉蝶草虫之画，颇受后主李煜推崇。

大宋建国后，赵光义无意中翻到徐熙所画《安榴树》，大为赞叹，认为花果之妙当数徐熙之作，其余皆不足观。于是，徐熙的技法和作品，殿堂画臣纷纷仿效与参考。

如今真迹再现，李清照夫妇自是爱不释手。只可惜囊中羞涩，实在凑不齐这笔巨款，把玩了两天两夜之后，终是交还卖家，为此两个人伤心了好几天。

三

公元1107年，受北宋党争波及，赵挺之被罢相，五日后身亡，家族子女也全都被捕。由于事实不清，证据不足，很快又被释放，但赵氏一族，所有荫封之官悉数被免。

赵明诚无法在京城立足，只得带着母亲和妻子搬到青州居住。

虽然遭受劫难，去职丢官，赵明诚却有了难得的清闲，可以专心致志，钻研学术。

李清照也没有一丝怨言，她把青州书房命名为"归来堂"，自号"易安居士"，以明心迹。

这两个词语源自陶渊明《归去来兮辞》，"倚南窗以寄傲，审容膝之易安"，远离都市，偏居一室，又有何妨？身正心安，天地自宽。

这种随遇而安、自得其乐的心态，对丈夫无疑是一种无声的支持。

在青州，李清照和赵明诚节衣缩食，勤俭持家，不吃荤菜，不穿绸缎，"首无明珠翠羽之饰，室无涂金刺绣之具"（《金石录后序》），若是遇见书史百家，只要不缺页、无错漏，便立刻买下，然后一起勘校，分类整理，题上书名，编号归档。

天长日久，藏书渐多，"归来堂"内已建起书库。自家人查阅图书，也要遵守规定流程，不能损污卷面，必须按期归还。夫妻俩对古籍的爱惜，已近乎偏执。

严谨枯燥、一丝不苟的背后，也蕴藏着许多常人难以体会的幸福与欢乐。

李清照素来博闻强记，每次茶前饭后，坐在"归来堂"中，都会指着几大排书架，向赵明诚发起挑战："你随便说个典故，我必能找到出处，精确到某书某卷、几页几行，唯胜者方可饮茶。"

赵明诚当然不服，几番比试下来，回回都输给了妻子。

李清照举杯大笑，高兴得手舞足蹈，以至于杯倾茶倒，淋湿衣襟，一口未得饮。

赵明诚则在一旁鼓掌起哄，连声叫好。

世界上最幸福的事，莫过于你在闹，我在笑。

六百年后，清朝词人纳兰性德，在名作《浣溪沙》中，所写"赌书消得泼茶香"，即源于此处。

遗憾的是，志同道合的幸福生活并没有延续多久。很快，李清照就会和纳兰一样，"当时只道是寻常"的许多片段，一转身，却早已物是人非、光景不再。

四

十年后，赵明诚开始外出求官，李清照则继续留在青州。

昔日双宿双飞，如今独守空闺，前所未有的孤独感顿时汹涌袭来：

> 寂寞深闺，柔肠一寸愁千缕。惜春春去，几点催花雨。
>
> 倚遍阑干，只是无情绪。人何处，连天芳草，望断归来路。
>
> ——《点绛唇·闺思》

闺房幽深，空虚寂寞冷。柔肠一寸，忧愁千缕。春雨绵绵催春去。

百无聊赖，栏杆倚遍。望眼欲穿，思人何在，唯有芳草连天。

然而，对于李清照来说，更艰难的考验还在后面。

建炎元年（1127），赵明诚母亲去世，他先行南下奔丧，吩咐妻子整理藏物，随后运往建康。

时局不稳，道阻且长，物品无法全部装载，李清照只得忍痛割爱，分批淘汰。先去掉厚大笨重的印本，再去掉重复雷同的藏画，然后去掉无落款标识的古器，又去掉国子监所刻印书、艺术水准不高的画卷……

多次挑拣之后，剩余的器物，仍有足足十五车，经海州，过淮河，渡长江，终于抵达建康。

而青州老宅，尚有十余间房屋，锁有碑刻、古书。李清照原想待到明春再行搬运，不料年底发生兵变，太守被杀，古城被焚，赵明诚悉心收藏的海量文物，一夜之间，化为灰烬。

两年后，赵明诚由建康知府，改知湖州，高宗召其入朝觐见。

临行前，李清照急切询问："假如城中形势危急，我该当如何？"赵明诚远远回应："跟着大部队走吧。若有不得已，先弃箱包行李，再弃书册卷轴，后弃古董器具，唯有宗庙祭器，当片刻不离身，与之共存亡。切记切记！"

李清照做梦都没有想到，下次再见之日，却是丈夫病危之时。她更没有料到，赵明诚的这句嘱托，将会让自己半生辗转，受尽磨难。

五

两个月后，赵明诚染上疟疾，病逝于建康。

丧事完毕，李清照顿感孤苦无依。

当时尚有藏书两万卷，金石刻两千卷，器皿、被褥可供百客所用。时局越来越紧张，朝廷已经遣散妃嫔，禁渡长江。李清照又

大病一场，仅存一点喘息之力。

想到赵明诚有一妹婿，在洪州护卫皇上，她便委派两名仆人，将行李送往南昌。

等到年底，洪州沦陷，大批书籍文物又散为一缕云烟，唯余几本轻小卷轴、些许李杜韩柳文集、数幅汉唐石刻副本，以及十余件三代鼎鼐（nài）。

赵明诚在世时，学士张飞卿曾登门拜会，请求鉴别手中玉壶真伪。被鉴定为普通美石后，他便携壶离去。不知为何，此事竟遭误传，皆言赵明诚曾以玉壶为礼，暗中通敌。

李清照大为惶恐，立即决定将家中所藏之物悉数捐给朝廷，以证丈夫清白。

此时的宋高宗，正四处躲避金兵铁骑，仓皇逃窜于越州、台州、明州、温州等地。

李清照以病弱之躯追赶投奔，却总是阴差阳错，失之交臂。途中又遇兵匪，所带文物被掠去十之六七。剩下的书画砚墨，只有五六筐，她不敢留存他处，只好置于卧榻之下，贴身保管。

在越州，李清照借居于钟姓之家。有天夜里，竟然有贼人凿壁窃取，盗走五筐文物。

她悲痛万分，不惜重金悬赏，愿意高价回购失窃之物。

两天后，却见邻居钟复皓拿着十八幅书画，前来兑换赏金。李清照方知，盗贼竟在身边。她千方百计地哀求，希望邻居能归还其余物品，终究徒劳无功。

至此，赵明诚一生所藏之物，已失十之七八。

作为一个孤寡老妇人，李清照面对此等梁上君子，除了愤怒和愧疚，也只能一声长叹，无可奈何。

倒是钟复皓的卑劣行径，影响了整个家族的名声。据说明朝万历年间，张居正得知下属中有一人姓钟，且来自会稽，当场就予以辞退，永不录用。

六

公元1132年，李清照来到杭州投奔弟弟李远，随后再嫁张汝舟。

原以为年近五旬之际，能再遇良人，老有所依。没想到张汝舟却另有所图，他接近李清照，只为霸占赵明诚所藏之物。

先夫遗物，历尽千辛万苦，才留下一二残零，又岂容他人染指。任由张汝舟恼羞成怒，拳脚相加，肆意欺凌，李清照誓死守护，从未屈服。

为了逃离火坑，她向官府揭发了张汝舟，称其虚报考试次数、造假骗官，并要求离婚。

朝廷查实后，将张汝舟流放至柳州，李清照才得以重获自由。

但根据大宋律法，妻子告发丈夫，不论有无实据，均要徒刑两年。幸有赵明诚远亲、翰林学士綦（qí）崇礼出手相助，李清照才免受牢狱之苦。

此后，她便独居于杭州，一瓶一钵，清心寡欲，即便是元宵佳节，风和日丽，友人驾着香车宝马前来邀请，她也婉言谢绝。

青年时在汴梁穿戴一新、结伴游乐的心境，已荡然无存：

　　落日熔金，暮云合璧，人在何处。染柳烟浓，吹梅笛怨，春意知几许。元宵佳节，融和天气，次第岂无风雨。来相召、香车宝马，谢他酒朋诗侣。

　　中州盛日，闺门多暇，记得偏重三五。铺翠冠儿，捻金雪柳，簇带争济楚。如今憔悴，风鬟霜鬓，怕见夜间出去。不如向、帘儿底下，听人笑语。

——《永遇乐》

　　更多时候，她还是愿意守着丈夫的遗物，整理、校勘凝聚了他毕生心血的《金石录》。

　　绍兴四年（1134），正逢赵明诚逝世五周年，李清照"忽阅此书，如见故人"，遂提笔作序，追忆似水流年，叙写半生风雨，是为《金石录后序》。

　　十年后，《金石录》完稿，表进于朝，她终于在垂暮之年，了却最后一桩心愿。

　　又十年，宋词婉约派代表人物易安居士，寂寞终老于西湖之滨，享年七十二岁。

七

　　关于李清照的感情生活，千百年来一直争议不断，特别是她改嫁张汝舟之事，坊间颇有微词。

　　南宋《萍洲可谈》《郡斋读书志》《直斋书录解题》等书，在肯定李清照"诗之典赡""词尤婉丽""有才藻名"的同时，都认为她暮年再婚，背叛丈夫，蔑视礼法，不可饶恕，实属"不终晚节""无节操""晚岁颇失节"。

无论对于文人还是女性而言，这都是最恶毒的评价。这些封建卫道士哪里知道，李清照初到杭州之时，已经病入膏肓，牛蚁不分，身旁尝药奉汤、应门看户者，只有弟弟和一个老仆人。

这种境况之下，她希望身边有个贴心人，能如当年在青州般，携手克难，进退相依，何错之有？

再者张汝舟蓄谋已久，以如簧巧舌吐似锦之言，且有官职之身为掩护，病重的李清照和善良的弟弟又岂能识别他的祸心？

> 责全责智，已难逃万世之讥；败德败名，何以见中朝之士。虽南山之竹，岂能穷多口之谈；惟智者之言，可以止无根之谤。
>
> ——《投翰林学士綦崇礼启》

李清照清楚，"忍以桑榆之晚节，配兹驵（zǎng）侩（kuài）（交易牲畜的掮客）之下才"，清清白白的晚年，嫁给这么一个卑劣肮脏的市侩之徒，定会败坏名德，沦为后世笑柄。

但她也坚信，这世间自有高士和智者，能看得见她的勇敢与高洁，她与赵明诚的感情不会因此蒙尘。他们之间的琴瑟和鸣、伉俪情深，那些留存于世的长调小令，便是最有力的证明：

卖花担上。买得一枝春欲放。泪染轻匀。犹带彤霞晓露痕。
怕郎猜道。奴面不如花面好。云鬓斜簪。徒要教郎比并看。

——《减字木兰花》

天真活泼，调皮任性，新婚宴尔，甜蜜温馨：

红藕香残玉簟秋。轻解罗裳，独上兰舟。云中谁寄锦
书来，雁字回时，月满西楼。

花自飘零水自流。一种相思，两处闲愁。此情无计可
消除，才下眉头，却上心头。

——《一剪梅》

人到中年，夫妻别离，一种相思，两处闲愁：

寻寻觅觅，冷冷清清，凄凄惨惨戚戚。乍暖还寒时候，
最难将息。三杯两盏淡酒，怎敌他、晚来风急！雁过也，
正伤心，却是旧时相识。

满地黄花堆积，憔悴损，如今有谁堪摘？守着窗儿，
独自怎生得黑！梧桐更兼细雨，到黄昏、点点滴滴。这次第，
怎一个愁字了得！

——《声声慢》

国破家亡，颠沛流离，孤寂落寞，心头之苦，竟无一人可言说。

相聚之欢，离别之思，寡居之苦，字字句句，都是真情流露，感人肺腑。

晚年的《金石录后序》甚至可以看成是李清照的一部自传。婚姻里的恩爱和谐，学术上的夫唱妇随，文物保护的艰难曲折，时过境迁、聚散无常的感慨，全都囊括其中。

国破家亡，在自身难保的情况下誓与文物共存亡，她用一生将情比金坚、爱如磐石展现得淋漓尽致。

当张汝舟原形毕露之后，她没有妥协，更没有退让，而是赌上自由与晚节，也要赶走宵小奸邪，守住丈夫视若生命的文物。

凡此种种，无不印证李清照的一生并未辜负赵明诚，更未辜负身后敬仰她的无数人。

范成大

千古湖山人物，万年翰墨文章

一

南宋，乾道六年（1170）。

宋孝宗赵昚（shèn）又在御书房里长吁短叹，愁眉不展。

他这个皇帝，当真不易。

八年前，赵构以工作强度太大、身体不堪重负为由提前退位，赵昚只好接任皇位。

正式继位后的赵昚壮志凌云，为岳飞平反，重用主战派，挥师北进，先后夺回泗州、灵璧等地。

但胜利没有持续多久，由于将帅不和，人心涣散，宋军在符离遭受伏击，伤亡惨重。赵昚无奈再次签下和议，割地赔款。

经过多轮谈判，金国略有让步，同意将两国关系由"君臣"改为"叔侄"。

以辈分论，南宋受了点委屈。但赵昚也能接受，毕竟身为一国之君，没有什么耻辱能比过向他国俯首称臣。

和议实施几年后，赵昚又发现了一个问题：高宗在位时，每有金国来使，他都必须走下龙椅，亲手去接国书。这不是君王的姿态，而是臣子的礼节。

新签订的协议中，没有提及此事，赵昚只能沿用旧制。堂堂九五之尊，哪有起身迎接外邦国书的道理！是可忍，孰不可忍。

赵眘决定，要派遣使者就"受书仪"的细节与金人交涉，于是传召左相陈俊卿到御书房商议。

陈俊卿一听，吓得脸色发青："大宋的国力，还不允许我们单方面修改协议！"

赵眘一声冷哼："你个酒囊饭袋，不换思想就换人！"

很快，陈俊卿就被罢相，降为福州知府。

右相虞允文，是坚定的主战派，他支持孝宗遣使，开始帮助物色人选。

最先找到大学士李焘。

李焘差点吓哭："这是赤裸裸的挑衅，金人不可能会答应，那我就得以死相争。相爷，您这是要杀我啊……"

话说到这个份儿上，虞允文也不好勉强，只得另寻他人。

只是任务如此凶险，群臣无不避而远之。每次遇见虞允文，他们的心里，都在歇斯底里地吼叫："你不要过来啊！"

朝堂上下，只有一个人例外，那就是刚从处州（今丽水）归来的范成大。

二

面对宰相大人充满期待的眼神，范成大没有一丝犹豫，当场就领了任务。

孝宗欣喜万分，对他极为赞赏："爱卿气宇轩昂，卓尔不群，朕亲自挑选，果然没看错人！"

范成大满脸坚定："微臣已安排好后事，死不足惜。"

"爱卿言重了，没有那么严重，"孝宗连忙使用一组谐音，来安慰他的爱卿，"朕既不发兵，也不毁约，汝定不会有生命之忧，吃苦受累可能在所难免。"

范成大毫不畏惧："即便如苏武牧羊，又有何妨！"

"很好！"孝宗马上任命范成大为国信使，派他前往金国，索要北宋皇帝的陵寝之地，同时申请更改受书之仪。

范成大建议，将第二点诉求，一并写入国书。

孝宗却不同意："这事不能太正式，你找个机会，私下谈谈就好。"

终究是底气不足啊，想维护尊严，又不敢明言。可怜的宋朝皇帝，简直卑微到尘埃里。

只是孝宗如此操作，范成大的危险系数立刻飙升了数倍。

抵达燕山后，他先是递交国书，慷慨陈词，然后话锋一转："两国已为叔侄，现行的受书仪并不适宜。臣有疏要奏。"

金世宗大吃一惊："已有国书在前，朝堂之上，商议事项，岂容随意增减？"

左右官员，纷纷拿起笏板，击打范成大。

范成大屹立不动，依然坚持上疏。

太子勃然大怒，扬言要处死范成大。

还是越王极力阻止，称两国交恶，不斩来使，太子这才罢休。

范成大回到住所，预感自己可能会被扣押，便写下一首七言，借苏武牧羊的故事，来表明誓死不屈的立场：

范成大

万里孤臣致命秋，此身何止一沤浮。

提携汉节同生死，休问羝羊解乳不？

——《会同馆》

所幸金世宗忙于内政，外交上不敢冒进，虽然不同意更改"受书仪"，却允许宋朝迁葬陵寝，并答应归还钦宗的棺木。

这样的结果和预期相差甚远。但范成大身为宋国使者，临危不惧，宁折不弯，总算为孝宗，挣回了几分薄面。

往返途中，他目睹遗民之涕泪，眼见故都之残破，念及权奸之误国，不禁感慨万千，一时悲从中来：

南望朱雀门，北望宣德楼，皆旧御路也。

州桥南北是天街，父老年年等驾回。

忍泪失声询使者，几时真有六军来？

——《州桥》

父老乡亲见到故国来使，全都泣不成声，纷纷上前打听：朝廷军队，几时才能回到汴京？

这首《州桥》是范成大七十二篇纪行诗中的代表作，言语朴素，近乎白话，寥寥数笔，便把中原父老急切而又失望的心情刻画得入木三分。

沉痛不可多读。此则七绝至高之境，超大苏而配老杜者矣。

——清·潘德舆

三

范成大回国后，被任命为中书舍人。

品阶虽然不高，却负责起草诏书、传达政令，属于天子近臣，有太多的机会，可以加官晋爵。

但范成大的心里，并没有把升职放在首位，上任不到一年就开始公开点评皇帝，而且丝毫不留情面。

孝宗曾亲自抄写东汉崔寔（shí）的《政论》，分发给执掌司法的大臣，让他们学习前人经验，提高执政水平。

范成大却赶紧叫了暂停："圣上带头学习《政论》，意在严明法纪，清除积弊。而近日大理寺议定刑罚，不问青红皂白，凡事罪加一等。这不是严格，实属严酷！"

典型的好心办了坏事。

孝宗心有不悦，但事实确实如此，当着文武百官的面，也只好象征性地夸赞一句："嗯，爱卿的话，很有见地！"

张说是皇室外戚，也是孝宗宠臣，历来口碑不佳。

突然有传言，说他要入职枢密院。消息一出，满朝哗然，但无一人敢明言。

当然，范成大除外。他接到口谕后，竟然拒不起草诏书，以罢工的方式，向朝廷表示抗议。

孝宗气得脸色铁青。

加之翰林学士刘珙等人，耻于与张说同进枢密院，多次上书请求调职。孝宗这才意识到张说的人品有亏，便收回成命，调他为安远军节度使。

范成大代表正义的力量，成功阻止了张说的升迁，以及自己的升迁。

很快，他也被派往静江（今桂林）担任知府，从此开启了长达十五年的外放生涯。

四

广西土地贫瘠，经济落后，财力大多来自盐利。

朝廷每年都要抽取固定的盐税，一旦销量下滑，衙门只得提高价格，强买强卖，百姓苦不堪言。

范成大一上任，就改变了这个局面。在他的努力下，朝廷决定削减盐税额度，并允许外地盐商进驻广西，州县财政压力得到缓解，百姓也有了更多选择。

宋廷南渡后，西南地区成为重要的战马供应地。

朝廷要求广西每年至少要采购一千五百匹，但利欲熏心的卖家经常以次充好，暗中销售病马。

购买草料、兽药的费用又被各级官员克扣，时有战马饿死、病死在运送途中。

另外，赵眘还强行把优质战马的标准提高到四尺四寸（约今136.4厘米），可供挑选的货源一时骤减。

各种不利因素叠加，导致送往前线的战马数量逐年下降。等到

范成大上任时，仅有二十七匹，为历史最低。

盐政事关民生，马政则影响国防，必须尽快解决。

范成大心急如焚，向朝廷连上四道奏折，建议降低选购规格，将战马的合格率与官员升迁挂钩，同时配备兽医，给足草料，减少沿途损耗。

赵昚表示全力支持。

短短两年之后，广西采购战马的数量竟飙升至三千匹，简直不可思议。

范成大身为文臣，一直都很关心当地的读书人。

公元 1174 年，广西乡试刚刚放榜，他就在漓江旁，和主考官员一起宴请新科举人：

> 维南吾国最多儒，牮看招招赴陇书。
>
> 竹实秋风辞穴凤，桃花春浪脱渊鱼。
>
> 月宫移种新栽桂，江水朝宗旧凿渠。
>
> 况有床头坊井上，明年应表第三闾。
>
> ——《淳熙甲午桂林鹿鸣燕辄赋小诗少见劝驾之意》

在诗中，他以桂林前朝状元的事迹激励青年学子，希望他们继续努力，在明年的礼部会试中能够再创佳绩。

殷殷希望，语短情长。在座考生，无不热血沸腾，鼓舞欢欣。

同年十月，范成大转任成都。

离开桂林之时，当地百姓纷纷载酒相送，将府衙之外的官道围得水泄不通。

至于旧时故交、左右同僚，更是结伴而行，一直送到湖南地界，仍然依依不舍。

如此深情厚谊，范成大自然感动不已。但他不知道的是，下一次离任，将会有更多的人，走更远的路，为他送行。

五

四川是南宋西部的经济、政治中心，也是应对西南邻国的战略要地。

范成大能够到此担任制置使，兼任成都知府，足见孝宗对他的认可与信任。

当然，他也没有辜负朝廷。尚未抵达成都，他就上书言事："吐蕃、青羌虎视眈眈，两次起兵犯境，有司应拨付专款，以外修堡寨，内练将兵。"

孝宗即赐军费四十万缗（mín）。

然后，范成大便拿着这笔钱制造兵器，训练士卒，修饬边防，才几个月，就在边境线上与吐蕃、青羌打了几场胜仗，一时声震四境。

有志有识之士纷纷慕名前来，争相为其效力。范成大全都欣然接纳，还为他们干事创业提供了极为宽松的环境。

遇见德才出众者，他更是不遗余力向天子和宰执推荐，蜀地诸多士人因此成为国之栋梁，官至两府，名扬朝堂。

范成大在四川，除了军功和政绩，还有一事不得不提，那就是他与陆游的相知相惜。

他俩本是老相识。陆游长范成大一岁，也早入川五年，只是一直沉沦下僚，郁郁不得志。

范成大主政成都后，便举荐他为参议官，两人以文相交，不拘礼法，成为君子之交。

无论是检阅军营、建成楼阁，还是郊游赏花、居家宴饮，只要有范成大的地方，就必然有陆游的身影，以及吟咏唱和之声。

公元 1177 年，范成大应诏进京。

他走一程，陆游便送一程。自成都至江源，至新津，再至眉山，明明说好了再见，却偏偏不忍走远。

范成大作诗一首，陆游必以诗相赠。看看诗名，便知道两人有多么难舍难分。

陆游：《送范舍人还朝》《和范舍人永康青城道中作》《新津小宴之明日，欲游修觉寺，以雨不果，呈范舍人》。

范成大：《次韵陆务观慈姥岩酌别二绝》《余与陆务观自圣政所分袂，每别辄五年，离合又常以六月，似有数者。中岩送别至挥泪失声，留此为赠》。

多年后，范成大病故，陆游伤心欲绝，忍痛写下《梦范参政》：

平生故人端有几，长号顿足泪进血。

……

青灯耿耿山雨寒，援笔诗成心欲裂。

话说这两位老先生交情如此之深，难道是元稹和白居易，或者柳宗元和刘禹锡转世不成？

六

回到临安后，年过五旬的范成大已对仕途心生倦意，多次以病请辞，均未获批。

孝宗依旧对他委以重任。先是授职礼部尚书，主持当年贡举，后又官拜参知政事，成为南宋宰执。

即便遭遇谏官弹劾，他也只是赋闲半年，随即被启用为明州（今宁波）知府，兼沿海制置使。次年三月，又改任建康（今南京）知府，授太中大夫。

这期间，范成大至少五次上书请求辞去职务，孝宗无一次准许。

尽管去意已决，但他对于地方政务没有一点松懈。

在明州，他大胆进言，要求停止进贡海鲜，免除过量征收，减轻了百姓负担。同时修建九经堂，打造公共图书馆，为市民提供海量阅读资源。

在建康，他调用二十万石军备粮，再减去租米五万石，以应对久旱，赈济灾民。趁着处理政务的空闲，他还平定了一起水贼造反的事件。

因治理有方，他多次获得孝宗褒奖，先后加为端明殿学士、资政殿学士。

但他的归隐之心日益坚定。

公元 1183 年，范成大终于获得恩准，卸去所有实职，只挂一份闲差，回到苏州石湖，从此退隐乡里，深居简出，赏梅采菊，吟诗作赋：

身闲身健是生涯。何况好年华。看了十分秋月，重阳更插黄花。
消磨景物，瓦盆社酿，石鼎山茶。饱吃红莲香饭，侬家便是仙家。

——《朝中措》

身闲身健，便是人生好年华，先赏秋月，再插黄花。

瓦盆装佳酿，石鼎烹山茶，食下红莲饭，悠游似神仙。

就这样，他在悠闲自得中享了十年清福。

公元 1193 年，范成大病逝于石湖，终年六十八岁。朝廷追赠少师、崇国公，谥为"文穆"。

七

范成大的母亲蔡氏，是北宋蔡襄的孙女。

范成大的骨子里继承了书法大家的基因。他自幼以黄庭坚、米芾为宗，字体飘逸古雅，遒劲可观。其传世作品《自书田园诗卷》，曾在 2010 年拍出了三千三百六十万元的天价。

只可惜诗名太盛，书名反倒不显。

同样被诗名掩盖的，还有他的官声。

范成大入仕之后，足迹遍历山河，岗位调整频繁，任期最短的只有数月，最长不过三年。

但他从不因此懈怠政务，每到一处，都会关注农业，减租降赋，礼贤下士，仁民爱物。

爱民者，民恒爱之。每逢离任，前来送行者，总是绵延数里不绝。

特别是在四川，范成大任职时间最长，当他自成都返京，竟有数百人送行数百里，场面之大，距离之远，有宋一代，都属罕见。

他晚年隐居石湖，仍有蜀地故人常来探望拜访。甚至有人为了见他一面，甘愿在苏州等候数十天。

孝宗听说后，也忍不住感叹："蜀人思卿如慈亲。"

为官者，能得人心如此，夫复何求。

弱国无外交。为了完成使命，范成大不惜以身犯险，冒死北上，最终得以保全气节而归，实乃"有古大臣风烈"（《宋史》）。

他在日夜操劳之余，还笔耕不辍。

从汴梁到处州，由桂林至成都，自建康归石湖，他相继著有《揽辔录》《骖鸾录》《桂海虞衡志》《吴船录》《吴郡志》等文集，记录风土人情，推究战守离合，成为文学、史学、地理学、方志学著作的集大成者。

作为"中兴四大诗人"之一，范成大的代表作则是退隐石湖之后写成的《四时田园杂兴六十首》：

> 梅子金黄杏子肥，麦花雪白菜花稀。
>
> 日长篱落无人过，惟有蜻蜓蛱蝶飞。

昼出耘田夜绩麻，村庄儿女各当家。

童孙未解供耕织，也傍桑阴学种瓜。

"羁鸟恋旧林，池鱼思故渊"（《归田园居》），"问君何能尔，心远地自偏"（《饮酒》）。自陶渊明以后，写田园诗的文人无数，但大多是借农户、樵夫之形，抒隐士、士大夫之情。只有范成大，真正将目光聚焦农民，记写农事，关注民生。

无论身居高位，还是远在江湖，他都在体察世态民情，关心百姓疾苦。范成大的所言所行，才是文人应有的风骨。

自古文人多，做官的文人更多，南宋的文官最多。

但像他这样，位列宰执，诗传千古，忠贞且勤勉，学优仕更优，确实屈指可数。

难怪范成大的生前身后，一直褒奖无数：

千古湖山人物，万年翰墨文章。

——南宋·叶茵

石湖仙伯住吴门，事业文章两足尊。

——南宋·张镃

姜夔

爱得刻骨铭心，穷得身无分文

一

范成大做梦都没有想到，自己的一句戏言，竟引出三首诗词经典。

南宋绍熙二年（1191）。

焕章阁学士杨万里因触怒孝宗被降职远调。刚到福州的辛弃疾面对盗贼作乱、府库空虚，满脸愁苦。

而参知政事范成大则已退休多年，在苏州石湖开始享起了清福。

冬日，天降大雪，万籁俱寂。范成大又在家中对酒当歌，宴饮作乐。同坐席间的，正是他和杨万里、辛弃疾的共同好友，自号"白石道人"的姜夔（kuí）。

酒过三巡，范成大意犹未尽，举起酒杯，喊话姜夔："听闻您是大宋文坛中的高质量创作者，此情此景，何不填词助兴？"

姜夔微微一笑："恭敬不如从命。"不出片刻，两首新词一气呵成：

> 旧时月色。算几番照我，梅边吹笛。唤起玉人，不管清寒与攀摘。何逊而今渐老，都忘却、春风词笔。但怪得、竹外疏花，香冷入瑶席。
>
> 江国，正寂寂。叹寄与路遥，夜雪初积。翠尊易泣。

红萼无言耿相忆。长记曾携手处,千树压、西湖寒碧。又片片、吹尽也,几时见得。

　　　　　　　　　　　　　　　——《暗香》

月色依旧,笛声悠扬,却无伊人在身旁。
青春易老,年华逝去,只有梅花香如故。

　　苔枝缀玉。有翠禽小小。枝上同宿。客里相逢,篱角黄昏,无言自倚修竹。昭君不惯胡沙远,但暗忆、江南江北。想佩环、月夜归来,化作此花幽独。

　　犹记深宫旧事,那人正睡里,飞近蛾绿。莫似春风,不管盈盈,早与安排金屋。还教一片随波去,又却怨、玉龙哀曲。等恁时、重觅幽香,已入小窗横幅。

　　　　　　　　　　　　　　　——《疏影》

篱角的梅花,静默于夕阳之下,宛若远嫁的王昭君,不堪边塞的风沙。

梅花高雅脱俗,本该藏于金屋,却伴着玉龙哀曲,被雨打风吹去。

《疏影》《暗香》皆为姜夔自度曲,源自林和靖"疏影横斜水清浅,暗香浮动月黄昏"(《山园小梅》)之句。

范成大极为满意,反复吟诵之后,又让歌妓当场演唱,当真韵律十足,曼妙清亮。

一时高兴,他还将最宠爱的婢女小红赠给了姜夔。

姜夔自是感激不尽。除夕之日，他辞别范成大，携小红归往湖州。就在返程途中，他又有一篇经典问世：

> 自作新词韵最娇，小红低唱我吹箫。
>
> 曲终过尽松陵路，回首烟波十四桥。

——《过垂虹》

一叶扁舟，泛行水乡。微风拂来，清波荡漾。

箫声婉转，歌声悠扬。才子佳人，琴瑟和鸣。

好一幅绝美的画卷！这是在"红袖添香伴读书"（清·席佩兰《寿简斋先生》）之前，姜夔创造出的另一个名场面——"小红低唱我吹箫"，让后世无数文人心驰神往，朝思暮想。

二

公元1155年，姜夔出生于饶州（今江西）鄱阳。

九真姜氏也曾显赫一时，蜀汉名将姜维、大唐贤相姜公辅，都是青史留名的大人物。

只是到了南宋年间，家道日渐式微。姜夔的父亲和祖父虽然进士及第，有功名在身，却长期沉沦下僚，未能跻身权贵阶层。

姜夔十四岁时，父亲去世，他便投奔长姐，与她相依为命，直至成年。

其间，他参加了四次科举考试，每次都名落孙山。

既然前途渺茫，不如四处流浪。

在宋朝，文人游走的脚步总会伴有香艳的插曲，姜夔也不例外。

故事发生在合肥赤阑桥畔。此时的姜夔，精于填词，善于谱曲，且风华正茂，颇负盛名，备受瞩目。

那日，一帘之隔的姐妹俩只是因为多看了他一眼，从此再也没能忘掉他的容颜。

众人起坐喧哗、觥筹交错之际，姐姐弹起琵琶，妹妹拨动古筝，乐声似流水潺潺，又如春风拂面。满堂宾客，无不击节称叹。

姜夔不禁侧首回望，只见姐妹俩轻妆淡抹，发髻蓬松，体态柔弱，风姿绰约，惊为天人。

金风玉露一相逢，便胜却人间无数。

姜夔迅速坠入爱河，一段唯美浪漫之旅由此开启。

只可惜，故事的结尾不遂人愿。

合肥虽好，也不能在温柔乡里终老。对于姜夔来说，生活不只是眼前的缠绵悱恻，还有远方的功名大业。他要继续交游，认识更多的达官显贵，寻求更多的提携。

三

决心已下，姜夔只得忍痛，向心上人告别：

> 玉鞭重倚，却沉吟未上，又萦离思。为大乔能拨春风，
> 小乔妙移筝，雁啼秋水。柳怯云松，更何必、十分梳洗。

道郎携羽扇，那日隔帘，半面曾记。

　　西窗夜凉雨霁，叹幽欢未足，何事轻弃。问后约、空指蔷薇，算如此溪山，甚时重至。水驿灯昏，又见在、曲屏近底。念唯有夜来皓月，照伊自睡。

——《解连环》

几次扬起马鞭，总是踌躇不前。

西窗夜凉，雨过天晴，才得欢聚，为何又要分离？

何时重约？待花谢为期。

水边驿站，烛光时隐时现。

往昔双栖双飞的画面，仿佛近在眼前。

如今皓月当空，唯剩你孤枕难眠。

分别时痛，相思更痛。

姜夔的后半生，做的最多的事就是为她写诗填词，他存世的作品中，有四分之一的内容都与合肥往事有关：

"淮南好。甚时重到？陌上生春草。"（《点绛唇》）合肥好，何时才能重到？

"淮南皓月冷千山，冥冥归去无人管。"（《踏莎行·自沔（miǎn）东来丁未元日至金陵江上感梦而作》）一弯冷月，映照千山。伊人归去，无人相伴。一种相思，两处孤单。

对于未来，他信心满满，认为功成名就之日，必是再来相见之时：

"未老刘郎定重到，烦君说与故人知。"（《送范仲讷往合肥三首·其三》）嗯，请替我转告，刘郎未老，一定重到。

但比时间更残酷的，是惨淡的现实。

"卫娘何在，宋玉归来。"（《秋宵吟·越调·自制曲》）十年后，姜夔路经合肥，寻遍全城，也没有找到故人的踪影。

转眼间，昔日名扬文坛的青葱少年已然双鬓花白，尽管四处奔走，多方努力，却入仕无门，一事无成。

当初意气飞扬，如今唯余凄凉，自顾不暇。曾经的海誓山盟，终是一场空，万般相思，也只能藏于心中：

> 肥水东流无尽期。当初不合种相思。梦中未比丹青见，暗里忽惊山鸟啼。
>
> 春未绿，鬓先丝。人间别久不成悲。谁教岁岁红莲夜，两处沉吟各自知。
>
> ——《鹧鸪天·元夕有所梦》

相思无尽头，恰似肥水向东流。

早知今日，何必当初。

离别太久，悲伤已被时光遗忘。

可又是谁，让我忍不住朝思暮想？

四

公元 1185 年，时任吏部郎中的杨万里，一连向宰相王淮举荐

了六十名学者、贤人、廉吏，首为理学家朱熹，次为史学家袁枢，排在第十三位的，则是诗人萧德藻。

萧德藻任湖北参议时，姜夔以故人之子的身份前来拜会。

在南宋主流生活圈，最有分量的见面礼不是绫罗绸缎，也不是名酒名烟，而是原创的诗词歌赋、书信文卷。

姜夔刚进萧府大门，便呈上一首新作。

萧德藻赞许有佳，这让姜夔的生活有了质的改变。

萧德藻先是惊呼"学诗数十年，始得一友"，为了姜夔，不惜得罪半生故旧。后又客串起"月老"，将侄女许配给姜夔，两人的关系由知交转为至亲。

不仅如此，萧德藻还不遗余力地到处推荐姜夔，逢人就提，见人就夸。

第二年，萧德藻改任乌程县令，举家迁往湖州，姜夔以侄女婿的身份随行。路过杭州时，萧德藻特意带上姜夔去拜见杨万里。

杨万里读完姜夔的诗词，如获至宝，认为他的风格酷似唐朝诗人陆龟蒙，并将他和张镃（zī）一起，视为尤袤、范成大、陆游的接班人：

> 尤萧范陆四诗翁，此后谁当第一功。
>
> 新拜南湖为上将，更差白石作先锋。
>
> ——《进退格寄张功父姜尧章》

杨万里甚至觉得自身水平有限，不能为姜夔的成长与发展提供更多的资源。于是他又修书一封，把姜夔推荐给了闲居石湖的范成大：

> 袖诗东来谒老夫，惭无高价当璠玙。
>
> 翻然却买松江艇，径去苏州参石湖。
>
> ——《送姜夔尧章谒石湖先生》

姜夔带着这封推荐信，在石湖住了一月有余。范成大每天与他把酒言欢，谈词论曲，直言姜夔高雅脱俗，仿佛是从魏晋年间走来的人物。待《暗香》与《疏影》写成，他还以小红相赠。

不得不说，这些文坛大佬确实可爱至极，对晚辈的关爱与提携备至。

范成大辞世，姜夔悲痛万分，特意写下悼诗三首，追忆往昔光景，缅怀良师挚友：

> 雪里评诗句，梅边按乐章。
>
> 沉思酒杯落，天阔意茫茫。
>
> ——《悼石湖三首（节选）》

五

萧德藻前往陕西，投奔在池阳做官的侄子之后，姜夔无法在湖州立足，只好赶到杭州。

公元 1193 年，姜夔在杭州结识张鉴，并寄居于张府。

张家是名门望族，家世显赫，财力丰厚。张鉴的曾祖父张俊，是与岳飞齐名的"中兴四将"之一。

与姜夔一起被杨万里写进诗里的张镃，正是张鉴同父异母的哥哥。

张氏兄弟对落魄潦倒的姜夔关照有加。张鉴不仅割出良田，专门供养姜夔，甚至主动提出为他捐资买官，姜夔当然辞谢不受。

有了好友的热心接济，姜夔凄凉的晚景中总算有了一抹亮色。

"十年相处，情甚骨肉。"（《齐东野语》）无论是游山玩水，还是宴饮聚会，张鉴都会约上姜夔，一起煮酒望月，赏花听雪：

> 十亩梅花作雪飞。冷香下、携手多时。两年不到断桥西。
> 长笛为予吹。
>
> 人妒垂杨绿，春风为、染作仙衣。垂杨却又妒腰肢。
> 近前舞丝丝。
>
> ——《莺声绕红楼》

美人妒忌杨柳，有春风为其染绿。杨柳却羡慕美人的腰肢，婀娜纤细，摇曳生姿。

宋廷南渡后，许多乐曲遗失。出于一个音乐人的职业自觉，姜夔先后向朝廷进献《大乐议》《琴瑟考古图》和《圣宋铙歌鼓吹十二章》，以期"补正庙乐"，对雅乐进行修订和完善。

他也得以在近知天命之年，破格获得礼部允许，以布衣之身参加进士考试。但遗憾的是，他再次铩羽而归。

自此，姜夔彻底与仕途绝缘。随着年岁增长，他日渐消沉，不想丝竹乱耳，也不愿醉酒伤身，连张鉴的多次邀约都婉言谢绝。

虽然生活热情锐减，但忧国忧民的赤子之心丝毫未变。

公元 1205 年，力主抗金的辛弃疾在镇江知府任上写下千古名作《永遇乐·京口北固亭怀古》，留下"廉颇老矣，尚能饭否"的慷慨悲壮之语。

与辛弃疾有过多次唱和的姜夔再次和词一首，以刘备、孙权、诸葛孔明等前人之事，颂扬稼轩的文才武略，抒写自己的家国情怀：

> 云隔迷楼，苔封很石，人向何处。数骑秋烟，一篙寒汐，千古空来去。使君心在，苍厓绿嶂，苦被北门留住。有尊中酒差可饮，大旗尽绣熊虎。
>
> 前身诸葛，来游此地，数语便酬三顾。楼外冥冥，江皋隐隐，认得征西路。中原生聚，神京耆老，南望长淮金鼓。问当时、依依种柳，至今在否。
>
> ——《永遇乐·次稼轩北固楼词韵》

山川故国依旧，不见当年风流人物。

您有心归隐，却应朝廷之召，统领三军。

如孔明在世，定能顺应民心，挥师北进，马到功成。

嘉泰年间，张鉴逝世，姜夔伤心不已，痛声疾呼："人生百年有几？宾主如某与平甫者复有几？"（《齐东野语》）

是啊，客居杭州十年，宾主处成了兄弟，古往今来，又有几人

能及？

一年后，又逢杭州大火，毁尽姜夔的藏书和住所，让原本就不宽裕的生活雪上加霜。

好在饱受岁月摧残的姜夔，内心已经变得无比强大：

> 昔游未远，记湘皋闻瑟，澧浦捐褋。因觅孤山林处士，来踏梅根残雪。獠女供花，伧儿行酒，卧看青门辙。一丘吾老，可怜情事空切。
>
> 曾见海作桑田，仙人云表，笑汝真痴绝。说与依依王谢燕，应有凉风时节。越只青山，吴惟芳草，万古皆沉灭。绕枝三匝，白头歌尽明月。
>
> ——《念奴娇·毁舍后作》

徘徊于王谢堂前的燕子，不必恋恋不舍，秋风总会来临。富贵皆云烟，万古皆沉灭，区区茅屋，何足挂牵。

再后来，张镃身陷暗杀太师韩侂胄（tuō zhòu）事件，被朝廷治罪。姜夔在杭州失去了最后的依靠。为求生计，他不得不以花甲之龄，辗转于金陵、扬州等地。这般窘迫的境况，直至终老都没有发生任何改变。

公元1209年，约六十岁的姜夔病逝。家中甚至无钱办理后事，还是在嘉定十年状元、镇东军签判吴潜的资助下，姜夔才得以安葬于钱塘。

一代词曲大家，晚景竟凄凉至此，着实可惜、可叹。

六

淮左名都，竹西佳处，解鞍少驻初程。过春风十里。
尽荠麦青青。自胡马窥江去后，废池乔木，犹厌言兵。渐黄昏，
清角吹寒。都在空城。

杜郎俊赏，算而今、重到须惊。纵豆蔻词工，青楼梦好，
难赋深情。二十四桥仍在，波心荡、冷月无声。念桥边红药，
年年知为谁生。

——《扬州慢》

公元 1176 年，青年姜夔初至扬州。日暮时分，雪后放晴，四
顾萧条，号角悲吟。

目睹扬州城沧桑巨变，一时感慨万千，他便自创词曲，感今
怀古，是为《扬州慢》。

这是姜夔的代表作，也是宋词的代表作，享誉文坛，传唱千年。

在这首词中，姜夔大量运用对比和反衬，看似简单，却最能冲
击视觉，震撼人心。

昔日春风十里，莺歌燕啼；如今人烟荒芜，野草丛生。

二十四桥仍在，明月依旧；只是月色凄冷，处处沉寂无声。

桥边红药，年年绽放；却如陆游笔下幽梅，寂寞开无主。

即便风流杜牧重临扬州城，面对这破败之景，也写不出往日的
款款深情。

"竹西佳处""春风十里""豆蔻词工""青楼梦好"，皆源自晚唐杜牧。

杜牧之于扬州，就如同苏轼之于黄州，人与城相互成就、密不可分，提及这座城，便会想到这个人。

在《扬州慢》中，姜夔化杜诗入词，既点题又应景，还能翻陈出新，实属经典。

青出于蓝，却不逊于蓝。弱冠之年的姜夔刚刚踏入文坛，就能写出此等佳作，其天赋和功力可见一斑。

后人常将他与辛弃疾并论，且有"白石脱胎稼轩"（《宋四家词选目录序论》）之说，但两个人的作品有明显区别。

姜夔之作以咏物、记游、抒情居多，虽有"徘徊望神州，沉叹英雄寡"（《昔游诗》）、"问谁记、六朝歌舞"（《喜迁莺慢·太簇宫功父新第落成》）、"最可惜、一片江山，总付与啼鴂（jué）"（《八归·湘中送胡德华》）等心系家国之语，但与"道男儿到死心如铁"（《贺新郎·同父见和再用韵答之》）的辛弃疾相比，他明显缺乏一股英雄气，只有悲凉，没有悲壮。

此间差别与作者才华无关，和个人经历相干。

辛弃疾既是文臣，也是武将，出得朝堂，上得战场。

姜夔只是一介书生，毕生处江湖之远则经历单调、所见有限，他无法指点江山、慷慨激昂，只能怀古伤今、借景抒情，不能再苛求更多。

对此，清代大儒刘熙载早有定论：

白石才子之词，稼轩豪杰之词。才子、豪杰，各从其
类爱之，强论得失，皆偏辞也。

一个是才子之词，一个是豪杰之词，只有风格不同，没有高下
之分。

七

姜夔的词注重抒写心境，追求清空骚雅，被奉为雅词典范，对
南宋吴文英、张炎、蒋捷等人影响颇深。

及至后世，仍有不少文人、学者对其推崇备至：

词至南宋始极其工，至宋季而始极其变，姜尧章氏最
为杰出。……词莫善于姜夔。

——清·朱彝尊

词家之有姜白石，犹诗家之有杜少陵，继往开来，文
中关键。其流落江湖不忘君国，皆借托比兴，于长短句寄之。

——清·宋翔凤

姜夔在文坛自成一派，在乐坛更是成就斐然。

宋词流传至今，大多只有文字，曲谱早已失传。姜夔的《白石
道人歌曲》却是载有乐谱的文集，词曲双全，被视为音乐史上的稀
世珍宝。

姜夔作为唯一保存有唐宋乐谱文本的音乐家，为古典文化和音乐的传承发挥了无可替代的作用。正是因为有了他的存在，今天的我们才能有幸听到数百年前的天籁之音。

姜夔还是著名的书法家，字体颇有魏、晋古风，运笔遒劲，波澜老成。所著《续书谱》一卷，是南宋书论中成就最高、影响最大的学术著作。

诗词、音律、书法，无所不精。他是大宋文艺圈中，继苏轼之后的又一位艺术全才。

最关键的是，姜夔人品极佳，德才兼备，朋友遍天下：

> 内翰梁公于某为乡曲，爱其诗似唐人，谓长短句妙天下。枢使郑公爱其文，使坐上为之，因击节称赞。参政范公以为翰墨人品，皆似晋、宋之雅士。待制杨公以为于文无所不工，甚似陆天随，于是为忘年友。
>
> 待制朱公既爱其文，又爱其深于礼乐。丞相京公不特称其礼乐之书，又爱其骈俪之文。丞相谢公爱其乐书，使次子来谒焉。稼轩辛公，深服其长短句如二卿。
>
> ——宋·周密《齐东野语》

包括丞相、枢密使、翰林学士在内的名公巨儒、当世俊士，倾慕者不可胜数，"或爱其人，或爱其诗，或爱其文，或爱其字，或折节交之"（《齐东野语》）。

生前，百艺精通，名动一时，四海之内，仰慕者多；身后，诗文传世，厚德流芳，历朝历代，追随者众。

　　而姜夔仅有一个遗憾，即五次参考，屡试不第，空怀爱国之心，却无报国之门。

　　"文章信美知何用，漫赢得，天涯羁旅。"（《玲珑四犯·越中岁暮闻箫鼓感怀》）一身才华，只落得浪迹天涯。实在心有不甘。

　　姜夔晚年寓居西湖，曾作《杂咏》十四首，字里行间尽是孤云野鹤般的闲适和超脱：

　　　　布衣何用揖王公，归向芦根濯软红。

　　　　自觉此心无一事，小鱼跳出绿萍中。

　　　　　　　　　　　——《湖上寓居杂咏十四首·其七》

　　江湖布衣，何用卑躬屈膝？心中无挂牵，看鱼戏绿萍间。

　　果真宁静淡泊，超然洒脱。只是八百年前，闲坐湖边的姜夔那一刻的心境究竟如何，是真快哉，还是很无奈，是真惬意，还是很失意？

　　这恐怕永远都是一个谜。

刘基

树开国之勋业，著传世之文章

<h1 style="text-align:center">一</h1>

元末，至正二十三年（1363）。朱元璋与陈友谅各率大军，对峙于鄱阳湖。

这是一场生死之战，胜者方可平定江南，一统中原。

陈友谅联巨舟为阵，前后绵延数十里，旌旗招展，长戈林立，望之如山。

势单力薄的朱元璋发现敌军虽众，却首尾相接，进退受限，决定以己之长，攻彼之短。他派出七队勇士，各驾小舟，满载火药，待风起东北，再纵火焚舟，冲向敌营。

康郎山水域，顿时风烈火炽，烟焰涨天，湖水尽赤，陈军死伤过半。

次日，朱元璋为鼓舞士气，亲自登船督战。

激战正酣之际，谋臣刘基突然大声示警："此地危险，必须换船。"

朱元璋一愣，随即匆忙登上远处的一艘小艇。他尚未站稳，就有炮弹飞驰而来，先前乘坐的大船，瞬间被击得粉碎。

陈友谅迅速抓住战机，命令水兵调整队形，再度发起攻击。

谁料朱元璋不退反进，双方僵持不下，战况胶着数日，未分胜负。

朱元璋有些焦虑，向刘基投去求助的目光。刘基却满脸淡定，掐指一算,说大军应移往湖口,扼住敌人退路,等到"金木相犯"之日,再行决战。

朱元璋点头应允。

一个月后,困于湖中的陈友谅弹尽粮绝,兵溃将乏,仓促突围时被乱箭射死,数十万大军土崩瓦解。

至此,朱元璋建国称帝的最大障碍被彻底扫除。

鄱阳湖之战,也成为中国历史上继"赤壁之战"后,又一个以少胜多的典型战例,而料事如神的刘基便是功臣之一。

二

公元 1311 年,刘基出生于浙江青田,祖父刘濠曾任南宋翰林掌书。

元朝立国后,同乡人林融起兵复宋。事情败露,朝廷派来特使逐户登记乱党名单,准备一网打尽、斩草除根。

特使夜宿刘宅时,刘濠以美酒相邀,待其烂醉如泥,再偷换名册,仿照字迹,将名单全都更改为亡故、走失之人。然后制造火灾,连同自家房屋一并烧毁。无数被牵连之人因此幸免于难。

刘基自幼聪颖,记忆力惊人,读书一目数行,且过目不忘。十二岁即中秀才,以"神童"之誉名动四方。

等到年龄稍长,一些名师大儒都对他赞不绝口,纷纷为其站台背书。

处州名士郑复初曾在青田讲授理学,发现刘基悟性极高,稍加

点拨即可悟透经籍奥妙，不禁大为惊喜，告诉其父刘爚（yuè）："您这是祖上积德，福佑子孙。此娃如此聪慧，日后必能光耀门庭。"

翰林学士揭傒斯，在京城见到刚刚中举的刘基便一口肯定："这个年轻人，有经世济时之才，当比肩唐时魏征。"

余姚州事赵天泽，每论及江左人物，必首推刘基，称其才学不亚于诸葛孔明。

刘基初出茅庐就能得到各路名士称赞，何其有幸。遗憾的是他生逢乱世，早期仕途并无多大成就。

三

刘基的起点很低，考取功名后，被派往高安担任县丞。虽是八品小吏，但并不影响他的一腔热忱与万丈雄心。

上任伊始，他就写下数百字的《官箴》，时刻提醒自己要勤政爱民，忠于朝廷：

> 弱不可陵，愚不可欺。刚不可畏，媚不可随。无取我便，置人于危。无避我谤，见义不为。
>
> 不凌弱，不欺愚，不畏刚，不媚俗，不为一己之便，置他人于危险之地，不因害怕诽谤，就见义不为。

这是做官之道。

振惰奖勤，拯艰息疲。疾病颠连，我扶我持。禁暴戢奸，
损赢益亏。

奖励勤恳，振奋懒惰，解救危难，扶持病困，禁止暴力，停息
奸邪，削减盈余，弥补亏欠。

这是待民之方。

如农植苗，蚤夜孜孜。涝疏旱溉，无容稗秕。如良执舆，
顺以导之。无俾旋泞，强策以驰。

像农民种植庄稼，日夜孜孜不倦。疏通水涝，灌溉干旱，剔除
杂草。又像马师驾车，需要因势利导，不能在陷入泥泞后强行鞭打。

这是治民之策。

文中许多观点，即便在今天看来，依然值得参考和借鉴。

做官，他是严谨且有心的。只可惜现实与理想之间，有着云泥
之别。

在高安，刘基铁腕除恶，执法严明，平反了一批冤案，也得罪
了一众豪绅。加之他又是县令副手，处处碰壁，时时掣肘，几次三
番下来，他有些心灰意冷，索性辞去官职，回乡闲居。

群盗纵横半九州，干戈满目几时休。

官曹各有营身计，将帅何曾为国谋。

猛虎封狼安荐食，农夫田父困诛求。

抑强扶弱须天讨，可惭无人借箸筹。

——《忧怀》

强盗纵横，遍地干戈。文官武将，不顾社稷，只营其私。弱肉强食，生灵涂炭。有心济世，却无人赏识。

随后十年，刘基相继担任过行省职官、儒学副提举和元帅府都事，都因为性格耿直、不愿同流合污而屡遭抵制。

有山匪作乱，他一心爱民，力主剿杀，却被收受贿赂的当权者，指责"擅作威福，伤朝廷好生之仁"。

对敌人仁慈，不就是对百姓残忍吗？这么简单的道理，刘基申言万遍却于事无补。

此时的大元朝已经病入膏肓，无药可救了。

他一怒之下再次递上辞呈，蛰居青田，潜心创作《郁离子》，以寓言的形式，讲尧舜之道，论汤武之事，针砭时弊，警醒当世。

四

至正十九年（1359），朱元璋攻下金华，平定括苍，听闻刘基、宋濂等人大名，便备上厚礼，派人前去聘请。

此时，元朝政权奄奄一息，张士诚、陈友谅、徐寿辉、刘福通等起义之军，纷纷割据自立。

年近五旬的刘基，经世治国的热情早已消耗殆尽。处州总制孙炎前后几次造访，呈上书信千言，他才答应出山。

在金陵，朱元璋特意建造礼贤馆，对前来加盟之士恩宠备至。

受到优待的刘基也没有辜负朱元璋的苦心与美意。刚见面，他就呈上"时务十八策"，看得朱元璋连连点头："天下纷纷，有此策必可安定。"

刘基继续进言："张士诚只求自保，不足为虑。陈友谅野心勃勃，日日觊觎我国，应尽早对付。陈氏被灭，张氏则孤，一举可定。然后北向中原，王业必成！"

朱元璋欣喜万分："老先生日后若有妙计，定当知无不言，言无不尽。"

不久，陈友谅攻陷太平，图谋东下，气焰甚是嚣张。

有人希望弃城投降，有人恳求退守钟山，只有刘基怒目圆睁，厉声呵斥："主张投降和逃跑者，该斩！"

朱元璋赶紧侧身询问："老先生有何高见？"

刘基建议："倾尽府库，犒赏将士，巩固军心。天道后举者胜，陈友谅骄纵日久，待其冒进，再伏兵围歼，定能破敌。王业成败，在此一举。"

朱元璋遂在龙江设伏，诱敌深入，然后出其不意，大败陈军，斩杀、俘获数千人。

至正二十三年（1363），张士诚攻打安丰，刘福通向朱元璋求助。

刘基立刻劝阻："陈友谅一直在伺机反扑，切不可轻举妄动。"

朱元璋坚持己见，依然带兵前往。

果然，陈友谅探得消息，立马率部围攻洪都。

朱元璋措手不及，后悔不已："未听老先生之言，差点酿成大错。"只得匆忙南下，与陈友谅决战于鄱阳湖。

好在鄱阳湖一战，朱元璋大获全胜，随后击破张士诚，活捉方国珍，再北进中原，策马定乾坤。

而这一切，都与刘基事先所定谋略相符合。果然是"三分天下诸葛亮，一统江山刘伯温"。

五

公元 1368 年，朱元璋在南京称帝，大明王朝正式建立。

刘基获任御史中丞兼太史令，负责纠察百官、整肃纲纪。新皇巡幸汴梁，让他与左丞相李善长留守京师。

刘基始终认为，宋、元亡国，皆因刑法宽纵，如今政权初立，百废待兴，首要任务便是严明法纪，重典治吏。

他鼓励御史检举弹劾，无所避忌，只要官员作奸犯科，一律报请皇太子，依法处置。

中书省都事李彬，因贪赃被查，即将被法办。李善长向御史台求情，要求从轻发落。

刘基坚决不同意，在快马驰奏、获得天子批准后，立即处斩了李彬。

适逢朝廷正在祈雨，待朱元璋回到南京，李善长以祭坛下行刑对天神极为不敬为由，狠狠参了刘基一本。之前被御史台处理过的官员也纷纷上书诋毁、打击报复。

此时朱元璋正为天灾发愁，想听听百官意见。

刘基表示，战死沙场的将士妻儿没有得到妥善安置，修筑城墙的工匠尸骨暴露于荒野深山，致使阴气凝结，天象异常。

朱元璋无奈，只好听从刘基的建议，死马当作活马医。但半个月之后，仍是烈日当空，久旱无雨，不禁龙颜大怒："你在欺骗我啊！"

看来要几笔账一起清算了！刘基觉察到了危险，慌忙趁着妻子病故，向朝廷告假奔丧。

临行之前，他还不忘提醒皇上："凤阳虽是天子故里，却不适合建都。王保保虽是前朝残余，却不可大意。"

刘基辛劳半生，回到青田后，总算能有片刻安宁：

> 钓得鳊鱼不卖钱，瓷瓯引满看青天。芳树下，夕阳边，
> 睡觉芦花雪满船。
>
> ——《渔父词》

浮生难得半日闲，泉香鱼肥，举杯望青天。夕阳西下，鲜花满树，酒又醒（chéng），人乍醒，芦花似雪，满船皆白。

不久，朝廷军队被王保保伏击，惨败于漠北，锐气大伤。

刘基的预言再次成真。当年冬天，朱元璋又召他进京，并在谕旨中极尽褒扬之词：

> 尔从朕于群雄未定之秋，居则每匡治道，动则仰观乾象，
> 察列宿之经纬，验日月之休光，发纵指示，三军往无不克，

囊（nǎng）者攻皖城，拔九江，抚饶郡，降洪都，取武昌，平处城之内变，尔多辅焉。至于彭蠡（lǐ）之鏖（áo）战，炮声击裂，犹天雷之临首，诸军呐喊，虽鬼神也悲号，自旦至暮，如是者凡四，尔亦在舟，岂不同患难也哉。今年夏，告镜妆失胭粉之容，遗子幼冲，暂回祀教，速赴京师，去久未归，朕心有欠。今天下一家，尔当疾至，同盟勋册，庶不负昔者之多难。言非儒造，实己诚之意。但著鞭一来，朕心悦矣。

——《御宝诏书》

天下未定之时，你便随朕左右，或匡辅治道，或仰观天象，战无不胜，攻无不克，外破敌阵，内平乱贼。

你今秋携幼子回乡奔丧，久而未至，朕深感遗憾。

特手书谕意，望速速归来，共兴大业，以不负昔日患难真情。

朕对你，实在是太想念，太想念。

六

刘基重返南京，朱元璋很是高兴，不仅赏赐颇丰，还追赠其祖、其父为永嘉郡公。

但是几次为他晋升爵位，都被婉言谢绝。

臣子如此低调谦让，皇帝自然欣慰不已，对他也就愈发倚重。

只是君臣相处，分寸最难拿捏，事不可以做错，话更不能多说。

刘基晚年的悲剧，就源于一次敞开心扉的进言。

当时，朱元璋想用杨宪为相，刘基以为万万不可："杨宪有宰相之才，无宰相之量。他的肚子里最多只能撑个纸船。"

"那汪广洋如何？"

"更偏执，更浅薄。"

"胡惟庸又如何？"

"若把做官比作驾车，我担心他会把车辆弄散架。"

谁都不行，这不是质疑朕的眼光吗？朱元璋脸色铁青，眉头一皱："朕的宰相，看来非先生不可了。"

刘基大骇："微臣疾恶如仇，不堪烦琐，必会辜负天恩。天下之大，何患无才，圣上定会觅得良相。但眼下诸人，实在难以胜任。"

一番对话，直接得罪了三位朝廷重臣。刘基很快便尝到自己亲手种下的苦果。

洪武三年（1370），刘基改任弘文馆学士，被授为开国翊运守正文臣、资善大夫、上护军，封诚意伯，食禄二百四十石，待到第二年，即告老还乡。

浙东有个地方叫谈洋，盗贼聚集，匪祸四起。

刘基当初曾建议设立巡检司，以扼要道、察奸伪，保士民乐业，护商旅通行。

回到青田后，刘基又听说有逃兵作乱，州县衙门却隐匿不报，便让长子刘琏撰写奏章，上报朝廷。

不知道是有心还是无意，刘琏竟绕过中书省，将公文直接送进

了内廷。

执掌中书省的胡惟庸认为此举必是刘基授意，顿觉颜面扫地，火冒三丈，决定新仇旧恨一起清算。他与左右密谋之后，使出一记阴招，称谈洋风水极佳，有王者之气，刘基怂恿朝廷设立巡检司，是为了驱逐百姓，好将那里占为家族墓地。

这还了得，刘基是看中了朕的江山吗？生性多疑的朱元璋未做任何调查，便将刘基削去爵位、剥夺俸禄。

刘基蒙受不白之冤，百口莫辩。上朝谢罪之后，为了自证清白，他准备定居金陵，至死不回浙东。

直到 1375 年，朱元璋见其重病在身，估计时日不多，又陡生怜悯之心，才遣使者护其返乡。

不到一个月，刘基便病逝于青田，享年六十五岁。

七

在民间，刘伯温这个名字的名气远远大于刘基。传闻中的他上知天文，下通地理，神机妙算，未卜先知。

比如他在西湖游玩，看见天上云彩，就预言真命天子将现于东南；他在金陵营建都城，曾说宫殿基础不稳，大明或将迁都；他还提前留下"锦囊妙计"，帮助朱允炆化险为夷……

这些演绎和传说，夸张和虚构的成分居多。但历史上的刘基确实才华绝伦，智勇超群，为大明建国立下过不朽功勋。

他是智者。上战场如同诸葛亮，运筹帷幄，指挥有方，辅佐朱元璋打了不少胜仗；立朝堂又如魏玄成，推动大明完善律法、改良科举、整顿吏治、强兵重农。他牵头制定的《大明律》《军卫法》和《戊申大统历》，沿用数百年，一直都是王朝政权运转的基石。

朱元璋从不直呼其名，总是敬称为"老先生"，常常公开表扬，"这就是本朝的张良"，"幸亏老先生以孔子之言教导朕"。

每有要事相商，天子都会清退左右，单独召见，个中详情，从不让外人知晓。后世关于刘伯温的传说愈加离奇，大概与此不无关系。

他是贤士。高风亮节，心底无私，从不乘人之危、落井下石。

朱元璋欲惩治李善长，刘基虽多次遭其陷害栽赃，却不计前嫌，主动提醒皇上："李为老臣，功劳大，威望高，能调和诸将。"

晚年退隐青田后，刘基深居简出，谨慎朴素，每日只是饮酒、下棋、读书，从不妄议朝政，更不干涉地方衙门，县令多次登门拜访，他都自称草民，闭门不见。

他也是一代文宗。刘基与宋濂、高启并称"明初诗文三大家"，有《诚意伯文集》二十卷传世，收录赋、骚、诗、词一千六百余首，文二百余篇，文字气势恢宏，超然脱俗，"允为一代之冠"（《明诗别裁》）。

其代表作《郁离子》，语善类比，言多讽喻，想象奇特，气势磅礴，颇有庄子之风，在中国寓言文学史中地位极高，凝溪先生甚至认为，"刘基之后六百年中还尚无来者"。

朝廷大封功臣之时，刘基虽然没有位列公侯，但在明初大臣中，"既辟一代之规模，又阐一代之文章"者，仅此一人。

汉以降，佐命元勋多崛起草莽甲兵间，谙文墨者殊鲜，
子房之策不见辞章，玄龄之文仅办符檄，未见树开国之勋
业而兼传世之文章如公者，公可谓千古之人豪矣。

——《诚意伯文集序》

　　自汉朝以来，开国元勋多崛起于草莽，建功于沙场，精通文墨者极为稀少。张良虽有妙策，却不见于辞章。房玄龄撰文，仅限于官符、移檄。唯有刘基，能树开国之勋业，又能写传世之文章，当属千古人豪是也。

　　这是明朝学士杨守陈在《诚意伯文集序》中的一段话，虽是赞美之词，倒也没有言过其实。

王守仁

谁道书生无一用，
一纸能当百万兵

一

　　明正德十四年（1519），宁王朱宸濠在南昌起兵谋反。

　　消息传到京城，满朝文武吓得面面相觑：难道又要上演"靖难之变"的惨剧？

　　"靖难之变"是指朱棣与建文帝之间的夺权之战。

　　明武宗也是一脸愁苦："怎么老朱家尽遭这种磨难？"

　　只有兵部尚书王琼，脸上波澜不惊："王守仁正在南昌上游，必能擒获贼首！"

　　王守仁是谁？大名鼎鼎的王阳明是也。

　　果然，一个月后，前方就传来了捷报。

　　当初，朱宸濠谋反时立下的第一个小目标，就是占领南京。

　　南京是大明留都，其重要性不言而喻。

　　王阳明当然不会让他得逞，但他远在丰城，兵力也不足，短时间内根本拦不住宁王东进的脚步。他需要大概十天的缓冲期。

　　王阳明思虑良久，突然眉头一展，计上心来。

　　他广发檄文，令江西各府县死守城门，并号称北京、南赣和边境的十六万大军正星夜兼程，奔赴南昌。

　　又写下一封密信，托人带给朱宸濠的两个心腹，以高官厚禄相许，让他们劝说宁王早日进攻南京。最后通过间谍，把这封密信的内容故意泄露出去。

朱宸濠得知后，很是狐疑，不知道老王的葫芦里到底卖的什么药。在与手下商议战事之时，他看见那两个心腹一直建议发兵南京。

朱宸濠愈发坚信：王阳明此举，不过是调虎离山。千万不能上当，一定要守住南昌。

既然如此，攻打南京的事就得缓一缓了。

十天后，探子来报，江西境内并无朝廷军队。朱宸濠这才反应过来，匆忙挥师东进，连夺九江、南康两地，直逼安庆。

南京岌岌可危。

二

正当朱宸濠以为胜利在望、大业将成之时，王阳明却在丰城集结八万精兵，用了不到两天的时间攻破南昌城。

听闻老巢被捣，朱宸濠急火攻心，他立即号令三军，杀往南昌城。

而这一切，都在王阳明的预料之中。拿下南昌后，王阳明迅速调兵遣将，在鄱阳湖附近安营扎帐，只等朱宸濠自投罗网。

几天后，人困马乏的叛军刚行至黄家渡，就遭到了朝廷军队的迎头痛击。

慌乱中，朱宸濠退至樵舍，命人将战船捆在一起联成方阵，然后拿出金银珠宝重赏三军，准备殊死一搏。

看到这阵势，王阳明简直大喜过望，连忙准备两只小船，满载柴草，乘风纵火，驶向对岸。

瞬间，偌大的联舟方阵变成了一片火海。敌军本就微弱的战斗力很快便消失殆尽。

弃船而逃的朱宸濠刚在水中扑腾了几下，就被活捉上岸，押往南京。

王阳明大获全胜。朝廷上下无不鼓舞欢欣，直呼王阳明是大明战场的奇迹。

正德嘉靖年间，王阳明连续打赢了几场恶仗。作为一介书生，他带兵用兵的经历堪称大明王朝的一段传奇。

三

公元 1472 年，浙江余姚，母亲怀胎十四个月才生下王阳明。

临产前夜，祖母曾梦见有仙人驾着祥云送来一个男婴，于是祖父为孩子取名为"云"。

王云的祖上几辈皆是读书人，父亲王华状元及第，官至南京吏部尚书。王云更是自小聪明伶俐，博闻强记，父亲读过的诗文，他看两眼就能默出全部。

唯独有一件事，让父母焦急万分。身边的同龄人都能熟读《千字文》，倒背《三字经》，王云却口齿不灵，终日哑口无声。

直到五岁时，经高僧点拨，将名字改为"守仁"之后，小家伙才慢慢学会说话。

果真是个奇人，然而他真正的传奇才刚刚开始。

在私塾里，先生发问："何为读书人头等大事？"

班里同学异口同声道："登科及第是也。"

王阳明却一脸正色："我不求功名，我要做圣人！"言简意赅，掷地有声，老先生也颇为震惊。

十七岁时，王阳明与妻子成亲当日，途经道观，就地学起打坐冥想之术，竟乐而忘归，缺席了婚礼。

长辈们找遍全城也没有发现新郎的身影，气得泰山大人连连捶胸顿足，直呼遇人不淑。

父亲在京城为官之时，王阳明得以遍览群书，废寝忘食地埋头研究朱熹"格物致知"之说。

"格"是探索、推究，"致"是求寻、获取，"格物致知"就是探究事物原理，从中获得智慧。

为了验证圣人之学，王阳明以庭院修竹为对象，一动不动、目不转睛地"格"了七天七夜，最后一无所获，自己却大病一场。

四

公元 1504 年，王阳明担任兵部主事。仅仅两年之后，就和父亲王华一同被贬。

当时，大太监刘瑾权倾朝野。

武宗还是太子时，刘瑾就在东宫侍奉。武宗登基后，刘瑾日日引诱他吃喝玩乐，不是酒池肉林、莺歌燕舞，就是微服出宫、骑射游猎。

大明朝政，日渐荒废。

内阁大臣刘健、谢迁多次上书规谏，直言武宗"视朝太迟，免朝太多，奏事渐晚，游戏渐广"，若不及时改正止损，后果不堪设想。

奈何沉湎淫逸的武宗不听劝诫，直到掌管天文的官员称星象有变，宦官为祸，必遭天谴，武宗才有所顾忌，逐渐疏远刘瑾。

刘健、谢迁等人趁机进言，请求早日诛杀大太监。

刘瑾探得消息，连忙跑到武宗身边痛哭流涕，诉说衷肠，竟把武宗感动得无以复加。君臣二人，又和好如初。

而当初谏言的官员即刻遭到清算，不是被杀，就是被贬。给事中戴铣等人写信为老臣说情，竟惹得龙颜大怒，悉数被捕入狱。

血气方刚的王阳明义愤填膺，顾不得位卑言轻，连夜上书朝廷，请求皇帝放人。然而区区一个兵部主事，六品蝼蚁小官，胆敢越职言事，后果可想而知。

很快，王阳明就受到严惩。先是被杖责四十，后又贬往贵州龙场，去当一个驿站的"服务生"。父亲王华也受到牵连，被赶出京城，派往南京。

在前往贵州途中，王阳明又遭遇追杀，多次死里逃生，最后以伪装跳水自尽的方式才侥幸躲过一劫。

五

龙场地处黔中腹地，土地贫瘠，人烟稀少，瘴气漫天，猛兽横行。

王阳明被派到此地，任职是虚，实为流放。好在他心态平和，随遇而安，对成败得失、荣辱浮沉，早已看透看淡：

> 历瘴毒而苟能自全，以吾未尝一日之戚戚也。
>
> ——《瘗（yì）旅文》
>
> 古洞闲来日月游，山中宰相胜封侯。
>
> ——《夏日游阳明小洞天喜诸生偕集偶用唐韵》

除了开荒种地，王阳明更多的时间都在潜心修学，读书、静坐、反省，追寻圣人之道。

这天夜里，他突然一跃而起，大声疾呼："圣人之道，吾性自足，向之求理于事物者误也。"

道在哪里？在人的心里。向外界之物寻求真理，错也！难怪当初日夜"格"竹，根本毫无用处。

这就是著名的"龙场悟道"。

悟有所得之后，他开始教学授徒，传播"心即是理"的心学理念。

时间一久，四方学子均慕名前来，求学队伍日益庞大，阳明洞内已经无法容纳。

在当地人的帮助下，王阳明创立"龙冈书院"，并写下《教条示龙场诸生》，作为校训：

> 一曰立志，二曰勤学，三曰改过，四曰责善。其慎听毋忽！

席书时任贵州提学副使，对心学很感兴趣，曾专门邀请王阳明，到贵阳文明书院讲学。

他经常造访书院，与王阳明坐而论道，每至深夜时分，"环而观听"的学生往往不下百人。

在贵阳，王阳明首次提出"知行合一"说，强调知是行的开始，行是知的完成。

知指导行，行才能成功，脱离知的行则是盲动。同样，符合行的知，才是真知，脱离行的知，则是空知。

知者行之始，行者知之成。

知则必行，不行不足谓之知；真知则必行，不行终非真知。

公元 1509 年，王阳明贬谪期满，改任江西庐陵知县。

次年，刘瑾死于宦官内斗，王阳明的仕途才逐渐有所起色，得以回到两京任职。

六

公元 1516 年，因兵部尚书王琼力荐，王阳明被擢升为正四品右佥（qiān）都御史，巡抚南赣。

南赣为江西、湖南、广东、福建四省交界之地，当时盗贼蜂起，民不聊生。

横水谢志山、大庾陈曰能、浰（lì）头池仲容、大帽山詹师富，纷纷占山为王，割据一方，时有百姓被掠，官员被杀，州府早已不堪其乱。

此番境况下，前任巡抚文森得知实情后，竟称病不敢赴任。

王阳明到任后，他发现每次出兵剿匪，事先都会走漏风声。一查才清楚，竟有不少衙役和百姓是乱军的内应。

内奸不除，外患难平，王阳明迅速做了三件事：

一是管住百姓。首创"十家牌法"，规定每十家为一牌，各家人口、职业、去向，全都公示于墙，如有变动，必须向官府申报。每日酉时，轮值牌长挨户清查，有一家藏匿盗贼，则其余九家连坐。

这样一来，叛军在街坊和乡间再无落脚之处。

二是将计就计。挑出那些年老且狡黠的衙役，秘密加以审问，被甄别出来的奸细吓得浑身发颤，不敢再有丝毫隐瞒。王阳明恩威并施，先是定下通敌之罪，后又允许戴罪立功，让他们以"内应"身份做掩护，继续刺探叛军情报。

如此，则叛军的动静，王阳明无所不知。

三是更改兵制。经王琼上奏，获朝廷批准，王阳明将部队建制改为伍、队、哨、营、阵、军六级，且自军以下，所有任免、奖罚都可以自主决定，无须向朝廷请示。

组织更严密，纪律更严明，随之而来的，就是战斗力肉眼可见的提升。

次年正月，王阳明亲率精锐部队，屯兵上杭，连破乱军四十余寨，歼敌七千余人，活捉詹师富，计擒池仲容；七月，俘获陈曰能；十一月，降服谢志山。

盘踞南赣几十年的乱军，在一年多的时间里就被一介书生为首的一众文职官员和低等校尉彻底击溃了。

被奉为"战神"的王阳明，职位也再次晋升，为正三品右副都御史，赏世袭锦衣卫百户，后又进为副千户。

七

"南赣之乱"平定不到两年，驻守南昌的宁王又发生了兵变。武宗开始了御驾亲征。

虽然刘瑾去世多年，皇帝纵情玩乐的行为并未有所收敛，此番南下，也只是找借口远离深宫高墙。

路经扬州时，武宗表示想停下来歇一歇，这一歇就是八个月。其间，骑马打猎、野外露营，好不快活，至于宁王作乱之事竟抛之脑后。

幸天佑大明，早在六个月前，王阳明就已经活捉宁王，平息了战乱。

王阳明多次奏报朝廷，请求移交战俘。考虑到刚刚经历战乱，民生凋敝，他还建议京兵停止南下，尽量避免扰民。

以上所请，武宗一概不准。

而最大的原因是帝王身边的一帮人，他们一面深受武宗信任，一面却与宁王纠缠不清。

王阳明在奏折中曾专门提及："对朝廷怀有二心的，并非宁王一人。请罢黜奸佞谄媚之辈，以安天下豪杰之心。"

这些人或是嫉妒，或是恐惧，不希望看到王阳明立功受赏。于是竟向武宗提议："先让王阳明释放朱宸濠，再由圣上亲自出马，一举拿下。"

这样，平定宁王之乱，就属天子一人之功。

八

为了阻止闹剧变成悲剧，王阳明当机立断，主动将宁王交给掌印太监张永。

同时呈上的，还有一份战事总结。他将前线的胜利，全都归功于天子英明神武和后方官员运筹帷幄，只字不提自己。

尽管如此，朝中依然有人在不断构陷王阳明。幸有张永暗中保护，他才免受牵连。至于论功行赏，自然与他无关。

公元 1521 年，世宗继位。

王阳明晋升为光禄大夫、柱国，获封新建伯。

但朝廷奖励的俸禄迟迟未兑现。

他向来视名利如浮云，并不在乎个人得失。但不能容忍的是昔日浴血沙场的同僚，有的转任，有的外放，几乎皆是明升暗降，无一受封受赏。

王阳明多次据理力争，朝廷没有任何回应。他心灰意冷，又逢父亲病逝，便趁机辞去官职，回乡守制。

此后数年，他先是受聘于稽山书院，后又创建阳明书院，广收门徒，主讲"致良知"之说。

"致知在格物"本是《大学》之语。在王阳明看来，知善知恶便是"良知"，为善去恶便是"格物"。

只要消除私欲，摈弃杂念，从内心寻找真理，便可去恶存善，在实践中实现"良知"，达到"知行合一"。

至此，王阳明的"心学"体系已经基本形成。

经知府南大吉、诗人董沄（yún）等人推介，"阳明学派"的知名度和影响力与日俱进。

不只是浙江的书生，福建、江西、湖南等地的书生也纷纷前来求学问道。王阳明主持的书院，又一次座无虚席。

直到1527年，广西发生叛乱，王阳明重新被启用，开坛讲学之事才被迫中止。

临行前，他特意赋诗一首，告诫诸生，"心学"与圣人之学，本是一脉相承，核心皆是"良知"。唯有知行合一，在实践中磨炼自己，才能不断精进，学有所益：

> 绵绵圣学已千年，两字良知是口传。
>
> 欲识浑沦无斧凿，须从规矩出方圆。
>
> 不离日用常行内，直造先天未画前。
>
> 握手临歧更何语？殷勤莫愧别离筵。

——《别诸生》

九

与前两次叛乱相比，此次广西之乱的起因更为复杂。

从南宋时起，壮族、瑶族聚居地的治理权都在当地人手里。

岑氏是统领田州、泗城、思恩等地的原住民世袭土官家族，一直恪守本分，按时朝贡，尽力剿匪，保境安民，深受朝廷信任。

由于权力集中、势力过大、利益蛊惑，岑氏家族内部逐渐纷争不断。

嘉靖年间，田州与泗城、思恩等地的岑氏，为争权夺利大打出手。

田州土官岑猛，找了一个"莫须有"的借口，扬言泗城土官岑接并非岑氏之后，必须收回他在泗城的领土。

岑接也不甘示弱，火速组织将士防守。

与此同时，邻州又有战事，总督派岑猛前往平乱。岑猛却无暇顾及，未听征调。

岑接便借机煽风点火，向朝廷告发岑猛早有反心。

世宗大怒，立即安排右都御使姚镆（mò），提督两广军务，南下讨伐岑猛。

岑猛很快被诛。

姚镆接管田州后决定"改土归流"，免去土官的一切职权，改由朝廷派任流官，总揽军政。

流官是指明清时中央政府派遣到少数民族地区主政的汉族官员。

沿袭数百年的土官制度一朝被改，田州土民自然不服。岑猛旧部卢苏、王受顺势揭竿而起，一时拥护者众多。

田州局面迅速失控，紧要关头，姚镆却托病请辞，由驿站潜回中原。

年过五旬的王阳明，临危受命，以左都御史、两广总督兼巡抚之职，再次被派往前线。

他即将面对两大难题：对于乱军，是围剿还是招抚？安定后，是设土官还是派流官？

当初，姚镆还在广西时，皇帝曾经下诏明示，或抚或剿，前方可以便宜行事。

毕竟岑猛造反之说并无实据，卢苏、王受起兵也事出有因。

不同派系的官员针对剿与抚的问题，一直争论不停，始终未有定论。

✝

王阳明到任后，立即召集左右，分析态势，权衡利弊。

考虑到穷兵围剿，必然会伤及无辜，涂炭生灵，有失民心。最终他们一致决定，遣散兵马，解除战备，愿意尽最大努力，招抚乱兵。

至于下一步是战是和，就全看敌军的态度了。

其实，听闻王阳明能征善战，尤擅平叛，卢苏和王受的心里早已十分慌乱。

当前正是骑虎难下、进退两难之时，既然朝廷有意招抚，那还等什么？几天后，卢苏、王受便"囚首自缚"，走进王阳明的军营，毕恭毕敬地递上降书。

不战而屈人之兵，这应该是用兵的最高境界了吧。

田州平定之后，如何进行治理又成了一大难题。

有人说，设流官是中原祖制，必须坚持；立土官是蛮夷之俗，不可推广。

也有人说，土民只服土官，朝廷委派的官员无法掌控局面。田州之乱，就是前车之鉴。

王阳明没有偏信任何一方，而是结合田州现状，以其超凡的政治智慧，提出了一个上上之策：

将田州府改名为田宁府，由朝廷命官担任知府；割田宁府所辖八甲，成立新的田州，由岑猛之子岑邦相担任知州；其余四十甲，改建为十八个土巡检司，分别由卢苏等土民信服之人管理。

简而言之，就是流官统摄，土官治理。既顺应地方民情，又分散了岑氏势力。

百姓没意见，朝廷也很放心，两全其美。

公元 1528 年，王阳明因肺病加重请求致仕返乡，不待朝廷批复便径自归去。随后病逝于江西大余，终年五十七岁。

灵枢由赣入浙，沿途军民无不身着缟素，挥泪相送。

十一

立德、立功、立言，是古人孜孜以求的"三不朽"，能得其一者，足可慰平生。王阳明三者兼具，已是超凡入圣。

自明清以下，诸多名士大儒都对他推崇备至：

"两肩正气，一代伟人"（明·穆宗朱载垕）、"明第一流人物"（清·王士禛）、"功不在禹下"（清·曾国藩）……

19世纪，王阳明所著《传习录》开始走出国门，畅销日本。

时至今日，无数哲学家、教育家和企业家依然在学习、践行他的心学理论。王阳明的影响力，早已突破国境，穿越古今。

他是思想上的智者，更是行动上的勇者。

为了探求真理，他可以闭关七日，专心"格"竹。

"龙场悟道"之后，他每有所得，必授之于人。

领兵外出，他在处理军务之余，从不忘讲学论道，局势一旦稳定，他立马就会兴教办学，施仁政，行教化，明人伦。

即便油尽灯枯之际，他最挂念的，仍是门人"近来进学如何"（《王阳明先生年谱》）。

"不求功名，只做圣人。"五十年来，他一直在坚守和践行这份本心，严谨治学，潜心传道，用自身写就的传奇，完美诠释了心学的核心要义——"知行合一"。

他厥功至伟，却功成不居。

为了君王和朝廷，王阳明可以放弃封赏，辞官归乡，也可以随时待命、奔赴沙场。

大破宁王之后，他并未获得应有的奖赏，世宗几次想为其升职，都因为宵小之辈极力反对，不了了之。

于他个人而言，明显有失公允。但是广西发生兵变、朝廷急需用人之时，他照样义无反顾，挺身而出。

何时进，何时退；何为贵，何为轻，他的心里，自有一杆秤。

他能剿山中贼，也可破心中贼。

心学集大成后，王阳明声名鹊起，引来忌恨者无数，嘲讽谩骂之声一时不绝于耳。

门人愤愤不平，他却相当淡定："四方英杰，各有异同，议论纷纷，多言何益？"

三次领兵出征，王阳明所带之人都是书生与弱兵，却能扫除惯匪积贼，平定藩王叛乱。

有明一代，文臣用兵制胜，没有谁能超过王阳明。特别是在战事危急，又逢帝王猜忌之时，他依旧稳若泰山、思虑周全，这份心如止水般的定力，已然登峰造极。

《传习录》中，载有这样一段话：

立志用功，如种树然。方其根芽，犹未有干；及其有干，尚未有枝；枝而后叶，叶而后花、实。

初种根时，只管栽培灌溉，勿作枝想，勿作叶想，勿作花想，勿作实想。悬想何益？

但不忘栽培之功，怕没有枝叶花实？

立志用功，如同种树。发芽时勿作枝想，生枝时勿作叶想，长叶时勿作花想，开花时勿作实想。

空想无益。只要栽培不止，何患无枝叶花实？

　　世间再多纷扰，外界再多嘈乱，只要心不妄动，意不空想，守住初心，且行且进，终有开花结果之时。

　　领兵如此，治学亦如此。

　　圣人如此，凡人更当如此。

解缙

与帝王情同父子，
却依然功败身死

一

大明洪武二十一年（1388），京城御花园。

微风拂面，流水潺潺，对于明太祖朱元璋和翰林学士解缙来说，又是君臣相乐、和谐友爱的一天。

两人踱步在溪边，朱元璋突然发问："爱卿，可知昨夜宫中有喜啊？不妨吟诗一首以记之。"

解缙一愣，听皇上这口气，当是后宫又有龙种诞生，但具体是哪位妃子，所生是公主还是皇子，一概不明。

好在解大学士久经"沙场"，即兴发挥之事最为擅长，他略一思忖，便试探性地吟出一句："君王昨夜降金龙。"

朱元璋眉头一皱："是个女娃。"

解缙眼珠一转，连忙回应："化作嫦娥下九重。"

解缙嘴角刚刚上扬，又听朱元璋长叹一声："可惜没活下来。"

公主夭折，非同小可。如何避开伤痕，恰到好处地抚慰圣心？大脑飞速旋转之后，解缙立刻有了主意："料是人间留不住。"

话音未落，朱元璋道："已经投到水中了。"

解缙赶紧顺着思路，补齐最后一句："翻身跳入水晶宫。"

金龙化嫦娥，生在皇庭，死入龙宫。

线索有限，一步一反转，解缙依然对答如流，着实不简单。

朱元璋诚服："哪有什么后宫之喜。朕不过一时兴起，编个框子想困住你而已。爱卿果然机敏啊！"

如此称赞解缙的不只是明太祖。朱棣即位后，也是在御花园中，指着鸡冠花，让他现场赋诗。

解缙刚刚说出首句："鸡冠本是胭脂染。"

皇帝却摘下一朵花瓣，故意刁难道："差矣，此花乃白色。"

解缙稍加思索便接上三句："今日为何成淡妆？只为五更贪报晓，至今戴却满头霜啊。"

为什么会由红变白？因为赶着五更报晓，鸡冠上沾满了白霜。

虽是诡辩，倒也巧妙，朱棣十分满意，少不了又是一番赏赐与夸奖。

与两任帝王都相处得其乐融融，解缙该是多少读书人仰望的对象。只可惜，伴君如伴虎，任他学富五车、才高八斗，最终还是毁于帝王之手，难逃功败身死的结局。

二

公元 1369 年，解缙出生于江西吉水县。

吉水是著名的文墨之乡，自唐朝以来，中举者不下千人。

解缙的家庭，也是名副其实的书香门第。

祖父解子元是元朝官员，任安福州判官、太史院校书郎等职，后死于战乱。

父亲解开五次担任贡举主考，大明立国后，几番辞官不受，只

在乡里著书立说，育才办学。

至于解缙自己，则是不折不扣的"神童"。五岁过目不忘，七岁出口成章，不满十三岁便已读完百部经典。

洪武二十年（1387），十九岁的解缙参加江西乡试，一举夺魁。

次年春闱，他与兄长解纶、妹婿黄金华同时金榜题名。后世流传的吉水"一门三进士"，指的就是老解家这三位公子。

琼林宴上，朱元璋让新科进士以柳为题，各写一首新诗。

正在兴头上的解缙，一时文思泉涌，不到一炷香的工夫，立马写就：

> 漫漫春风入舜韶，绿杨舒叶乱莺调。
>
> 君王不肯娱声色，何用辛勤学舞腰。
>
> ——《河边绿柳》

春风拂碧柳，莺啼绿叶间，宛若虞舜所作的乐曲。

当今圣上从来不爱声色之娱，何必如此辛苦勤练这曼妙舞姿。

一个心系百姓、勤政爱民的圣君形象，跃然纸上。从奉制诗的角度考量，这首诗可以打到满分。

朱元璋阅后，果然频频点头，直夸他文辞清丽、言语脱俗，随后便任命他为翰林院庶吉士，常侍左右。

解缙虽然年纪轻轻，评起前朝之兴衰，论及当下之得失，总能一针见血，令人醍醐灌顶。

或许是因为解缙入朝，弥补了当年解开不能为己所用的遗憾，朱元璋对他格外亲切："朕与你虽为君臣，却情同父子，对于国朝之政，你当知无不言，言无不尽。"

解缙瞬间热血沸腾，连夜写下一封万言书，对大明立国以来的政治、经济、文化和民生做了一番总评：

国初至今，将二十载，无几时不变之法，无一日无过之人。尝闻陛下震怒，锄根剪蔓，诛其奸逆矣。未闻褒一大善，赏延于世，复及其乡，终始如一者也。

臣见陛下好观《说苑》《韵府》杂书与所谓《道德经》《心经》者，臣窃谓甚非所宜也。

孔子则自天子达于庶人，通祀以为先师，而以颜、曾、子思、孟子配。

陛下进人不择贤否，授职不量重轻。

天下皆谓陛下任喜怒为生杀，而不知皆臣下之乏忠良也。

既税于所产之地，又税于所过之津，何其夺民之利至于如此之密也！

夫罪人不孥，罚弗及嗣。连坐起于秦法，孥戮本于伪书。

今之为善者妻子未必蒙荣，有过者里胥必陷其罪。

——《明史》

法文朝令夕改，刑罚一日数变。只闻朝廷诛奸除恶，从未听说陛下褒奖善举。

皇上所读书目，皆无益于治国理政。应推崇儒家，行孔孟之道。

朝廷用人不分贤愚，授职也与才德不匹配。

天下人都说天子喜怒无常，生杀定夺过于随意，却不知这一切皆因朝廷缺乏忠良之材。

同一个物品，生产之地需要缴税，所过码头、驿站也要缴税，夺民之利为何如此之急切、密集？

行善者荣不及家人，违法者却十家连坐。此乃暴秦弊政，必须停止施行。

这哪里是点评，分明就是批评。态度之强硬，言辞之犀利，不亚于王安石那篇著名的《本朝百年无事札子》。

收到奏本后，不管内心真实想法如何，朱元璋还是给解缙点了一个赞："爱卿大才，朕甚感欣慰。"

受到鼓励的解缙趁热打铁，又上了一封《太平十策》，洋洋洒洒近万言。而这一次，朱元璋未予回复。

刚好解缙前往兵部办事，言行举止略显傲慢，被尚书沈潜素狠狠参了一本。

天子趁机批示："解缙闲散放纵，目无纲纪。"然后将其迁为江西道监察御史，赶出京城。

虽未问责降罪，朝廷冷落疏远之意已极为明显。解缙与皇帝短暂的"蜜月期"就此终止。

如果他痛定思痛，一改前非，事情或许还有转机。但他依旧刚正不阿，直言不讳，接下来发生的事情几乎彻底葬送了解缙的仕途。

三

洪武十三年（1380），中书省丞相胡惟庸因密谋叛乱被处死，受牵连者达一万余人。

十年后，又有御史上书，称开国元勋、左丞相李善长与胡惟庸暗中勾结，早已生有贰心。

朱元璋勃然大怒，斩其全家，灭其三族。仅有公子李祺因驸马身份得以免死，与妻子儿女一起被流放至江浦。

案件刚刚审理完毕，虞部郎中王国用便请解缙代笔，专门上书为李家鸣冤叫屈：

> 善长与陛下同心，出万死以取天下，勋臣第一，生封公，死封王，男尚公主，亲戚拜官，人臣之分极矣。藉令欲自图不轨，尚未可知，而今谓其欲佐胡惟庸者，则大谬不然。
>
> 不幸已失刑而臣恩恻为明之，犹愿陛下作戒于将来也。
>
> 天下孰不曰功如李善长又何如哉，臣恐四方之解体也。

　　李善长毕生都跟随天子，征战天下，九死一生，厥功至伟，生已封公，死将封王，子为驸马，亲戚皆有官爵，已经位极人臣，尊贵万分。若是他自己图谋不轨，尚未可知。要说他帮助胡惟庸反叛朝廷，那就很是荒谬了。他图什么呢？

　　现在人已伏法，多说无益，只希望陛下以此为戒，不再偏信偏听。天下谁人不说，李善长功高至此，竟然三族连坐，臣恐怕会因此民心尽失、四方分崩。

　　这语气，一如既往地犀利。不只如此，解缙还帮助御史夏长文修改折子，弹劾右副都御史袁泰：

　　　袁泰本一奸凶，素无学术，谬登科甲，忝辱宪台。居无乡曲之誉，仕无州县之声。

　　　包藏众祸，倾巧百端。专行己意，莫可谁何。每有奏闻，恣其改削。众庶衔冤，官僚蓄恨。君恩不得下施，舆情不得上达。此故天地不容，人神共怒者也。

　　　　　　　　　　　　　　　　　——《论袁泰奸黠状》

　　不学无术，德不配位，在乡野无美誉，在州县无官声，包藏祸心，一意孤行，恣意篡改官员奏本，导致君恩不得下施，舆情不能上传，实乃天地不容，人神共怒，应严惩不贷，以儆效尤。

　　前后两次帮人执笔，写得酣畅淋漓！

　　到底还是年轻啊。事里事外，分明就是一幅别人点火，他抱着炸药赤脚奔向敌营的画面。引爆后，第一个受伤的人必是解缙无疑。

果然，朱元璋对他的态度陡转直下。

不久，皇上专门召见解开，语重心长地告诉他："人才难养，大器晚成。解缙该回归乡里，精进学问，十年后再回朝，朕必当重用。"

领了这份逐客令，解缙只好递上辞呈，回到吉水，从此远离朝政，读书治学，修身养性。

对于未来，他仍然充满期待，"青云有路待我来，一日南风劲千里"（《池口阻风》）、"成功他年拂衣归，直向东山日高卧"（《繁昌阻风》）。

四

八年后，朱元璋病逝，建文帝继位。

解缙赴京吊丧，袁泰立即抓住机会参奏，称他公然违背先帝"十年之限"，且母丧未葬，父亲垂迈，擅自离开吉水，实乃不忠不孝。

"一封朝奏九重天，夕贬潮州路八千。"（韩愈·《左迁至蓝关示侄孙湘》）很快，解缙就被发配至甘肃临夏，贬为河州卫。

河州不比中原，地贫人稀，季节无常。解缙水土不服，不堪其苦，便致信礼部侍郎董伦，寻求帮助。

董伦深受建文帝信任，经他推荐，解缙才得以返回京城，任翰林待诏。

建文四年（1402），持续数年之久的"靖难之役"结束，江山

易主，朱棣登基。

解缙的仕途随之走上巅峰。先是改为翰林侍读，而后当值内阁，参与机务，并奉旨主编《太祖实录》和《古今列女传》。

书成之后，朱棣极为满意，赏赐金银玉帛无数，顺便再交给他一个新任务：

"天下古今事物，零散记载于各书，查阅极为不易，朕希望能有这样一本书，可以集合所有知识点，考察之便，如同囊中取物。"

早在太祖朝，解缙就想主编一本百科全书，供天子随时检阅，但朱元璋无甚兴趣，只得作罢。

如今朱棣主动提起此事，解缙当场欣然受命。不出两年，初稿即成，这便是举世闻名、享誉古今的《永乐大典》。

公元 1404 年，解缙任翰林学士兼右春坊大学士，为内阁首辅，备受天子倚重。

朱棣不仅多次公开褒扬解缙，赏赐金绮衣，让皇后在柔仪殿慰劳其妻，还郑重其事地跟他说："只要大臣言无所惧，君王广览兼听，天下何患不治？朕与你共勉之。"

但君臣相处之道，堪称一门玄学。没有固定章法，也无旧例可循。稍有不慎，便会粉身碎骨。

"靖难之役"中，汉王朱高煦随父出兵，屡建奇功，深受朝中将领拥护。特别是淇国公丘福，多次进言希望立汉王为储，朱棣也颇有此意。

但朱高煦是皇帝次子，身份稍显尴尬。

朱棣召来近臣商量，解缙言之恳恳："当立长子，古来如此。

皇太子仁孝，天下归附。若弃之立次，必兴争端。先例一开，怕难有宁日，历代事可为前车之鉴。"

朱棣不语。

见天子犹豫不决，解缙俯首叩拜，又说了三个字："好圣孙。"

朱棣顿时眼前一亮。"圣孙"即为朱瞻基。据说他出生前夜，朱棣曾梦见朱元璋送来一柄大圭，并要求"传之子孙，永世其昌"。

孩子满月时，朱棣抱来一看，不禁大喜过望："小娃英气满面，必成大器，梦中太祖所言不虚矣！"

朱瞻基长大后，果然酷爱读书，智识杰出，在一众皇孙中最受祖父疼爱。

朱棣据此坚信，这个娃娃就是太祖托梦指定的接班人。他后来胆敢起兵夺政，很大程度上也是由于这个梦，以及这个孙儿给他的底气。

若是不立皇长子，朱瞻基则无法继承大统，岂不是辜负了太祖厚望、违背了祖宗的决定？

就这样，皇长子朱高炽因儿得福，被正式立为太子。

解缙在帮助朱棣解决了难题的同时，也就得罪了拥兵自重的朱高煦。

汉王很生气，后果很严重。

五

永乐四年（1406），朱棣准备派兵南下，平定安南（越南）。

解缙出言劝阻："自古化外之地，反复无常，可以笼络牵制，

让其输诚纳贡即可，不宜设郡邑、建州衙。"

朱棣不为所动，依然坚持己见。讨伐结束后，朝廷改安南为交阯，设立布政使司、按察使司及都指挥使司，辖十五府，三十六州，一百八十一县。

他想做雄霸四方的汉武帝，解缙却不是出使西夷的司马相如，朱棣有些郁闷。

当时，东宫虽定，朱高炽的表现依旧不能让朱棣满意。

汉王又善于邀功争宠，日益骄纵，平常礼秩已经超出太子标准。

解缙再次向朱棣上书："是启争也，不可。"（《明史》）

这样不行啊，迟早会起争端、酿大祸矣。

朱棣终于怒不可遏，叱其挑拨生事，离间骨肉，对他的恩宠也大为减弱，在为内阁官员赏赐二品纱罗衣时，唯独不给解缙。

这是一个相当危险的信号，解缙或许尚未知晓，眼光敏锐的汉王却早已捕捉到。

不知道什么时候起，当初皇室议储的机密事宜开始在朝野内外流传，朱高煦借机在皇帝面前一口咬定，泄密之事必是解缙所为。

不久，又有人上奏，称解缙在廷试中评分不公，未能识得良材，严重失职渎职。还有人说，解缙失宠后对朝廷心生愤恨，多有怨言，实在有负圣恩。

一时间，天子的书桌前堆满了弹劾解缙的密件。

刚刚还是春风得意，转眼就成为众矢之的。解缙的命运由此急转直下，先是被贬到广西，任布政司参议；后又贬到交阯，负责在化州督运前线粮饷。

公务之余，他常常登山览水，吟诗作对，聊以解忧。言辞间，不是思念家乡，就是盼望回京：

> 三月藤江听子规，桐花细雨湿征衣。
>
> 遥知乡里逢寒食，处处人间上冢归。
>
> ——《上北刘》

三月藤江子规啼，微风拂过，细雨湿衣。

正逢寒食节，故乡的人们应该已经祭祖归来，只有谪迁之人孤身漂泊在外。

> 双竞驿前双小洲，年年于此竞龙舟。
>
> 翻思夺锦青天上，河汉江声共北流。
>
> ——《双竞驿》

双竞驿前双小洲，年年端午竞龙舟。

何时可以赛于青天之上，让银河也与江水一样，奔腾汹涌向北方。

公元1410年，解缙入京奏事，正值朱棣北征，他参拜完皇太子后便回到了化州。

此事竟被朱高煦知晓，他迅速致信天子，言解缙趁圣上外出，伺机私访东宫，又径自归去，毫无人臣之礼，或有不可告人之密。

谋反起家的朱棣向来疑心极重，听闻解缙此举，不禁龙颜大怒。

正在返程途中的解缙对此毫不知情，见粤、赣两地常年遭受旱灾，还上书朝廷请求开凿赣江，以利南北交通。

奏折刚刚呈进内廷，朱棣便下旨将解缙逮捕入狱，严刑拷打，讯问是否有与太子密谋不轨之事。

解缙宁死不屈，在牢中一关就是五年，苦头尝尽，沉冤莫白。即便如此，他对朝廷的忠心依然没有任何改变，"身死愿为陵下草，春风常护万年青"（《忧患中寄友·其二》）。

公元 1415 年，锦衣卫指挥使纪纲向朱棣呈上一封在押囚犯名单。

天子瞟了一眼，突然问道："解缙还活着吗？"

史书记载这一段时，只有简单的四个字："缙犹在耶？"

纪纲从皇宫退出后，连夜将解缙灌醉，拖到积雪中掩埋。曾经的内阁首辅、一代文豪，就这样被活活冻死，时年四十七岁。

而后，家产被抄，妻妾子女、宗族至亲全被流放至辽东。

六

"天下不可一日无我，我则不可一日少解缙。"这是朱棣原话，足见在天子心中，解缙也曾经无可替代，不可或缺。

既然如此，他的结局为何还会这般悲惨？

有人说是因为僭权越位，干预了皇室立储；也有人说他胸无远见，不该劝阻朝廷讨伐安南。

更多的人则认为，解缙最大的缺点还是成名太早，看人见事太过透彻，又自恃才高胆大，喜欢对同僚评头论足，且不留情面，无所顾忌，得罪了太多人：

> 缙以迎附骤贵，才高勇于任事，然好臧否，无顾忌。
>
> ——清·夏燮《明通鉴》
>
> 缙少登朝，才高，任事直前，表里洞达……然好臧否，无顾忌，廷臣多害其宠。
>
> ——清·张廷玉《明史·解缙列传》

朱棣曾经手写一份官员名单，让解缙做个点评，以备太子日后参考。解缙大笔一挥，三言两语，就将他们逐一定性：

> 帝尝书廷臣名，命缙各疏其短长。缙言："蹇（jiǎn）义天资厚重，中无定见。夏原吉有德量，不远小人。刘俊有才干，不知顾义。郑赐可谓君子，颇短于才。李至刚诞而附势，虽才不端。黄福秉心易直，确有执守。陈瑛刻于用法，尚能持廉。宋礼戆直而苛，人怨不恤。陈洽疏通警敏，亦不失正。方宾簿书之才，驵侩之心。"
>
> 帝以付太子，太子因问尹昌隆、王汝玉。缙对曰："昌隆君子而量不弘。汝玉文翰不易得，惜有市心耳。"
>
> ——清·张廷玉《明史·解缙列传》

蹇义天资厚重，但没有主见；夏原吉德高量雅，但不远离小人；

刘俊颇有才干，但不讲义气；郑赐可谓君子，却短于才学；李至刚趋炎附势，品行不端……尹昌隆虽为君子，却无甚度量；王汝玉满身市侩之气……

要知道，这些官员都是天子重臣，功勋卓著，位高权重。在旁人看来，解缙敢做如此评价，简直胆大包天，狂妄而不自知。

但实际情况是，朱高炽即位后，找到解缙当年所写奏本，竟然万分惊奇："都说解缙口出狂言，朕观其所议所论，皆很有见地，哪里狂妄了？"随后下旨，赦免了解缙的宗亲和家室。

至于当年立储之争确实留有后患。

宣德元年（1426），朱高煦起兵作乱，事败被诛。

安南也屡屡反明，郡邑全被攻陷，朝廷数十年间兵马粮饷陷入其中者，难以计数。

这一切，果都如解缙所言。历史证明，他并没有任何过错。只是皇权至上的年代，天子要取一个官员的身家性命，根本不需要程序正当、理由充分。甚至有些暴君，定罪与杀人全凭心情。

电视剧《宰相刘罗锅》中，和珅曾有这样一番言论：

"自古以来，一切奸臣都逃脱不了一死，一切忠臣也免不了一死，唯有当个弄臣，拣皇上喜欢的给，挑皇上喜欢听的说，想皇上喜欢吃的进，便可保平安百年、富贵一生。"

和珅能想到的，解缙又何尝不知？只是不屑、不愿也不能做而已。

在和珅眼里，天子即为一切，只要龙心常悦、龙颜常喜，其他之事，通通不值一提。

解缙却认为，君王身后还有社稷江山、黎民百姓，三者没有轻重之分。甚至为了大明国运，可以冒犯龙颜、触怒天威，九死而不悔。

历朝历代，和解缙一样冒死进谏、以身犯险者，不计其数，前有比干、魏征，后有海瑞、杨慎。

他们饱读诗书，久居朝堂，深谙历史教训，也见识过君王的残忍与无情，却依然义无反顾、前仆后继。

"苟利国家生死以，岂因祸福避趋之。"他们用生命坚守的，便是文人的气节与风骨，坚若磐石，重逾千钧，令人肃然起敬。

张岱

繁华看遍，百味尝尽，终于活成人间清醒

一

大明天启七年（1627），九江。

天刚放亮，一条骇人听闻的消息就传遍了四里八乡。说昨晚初更以后，有一百多个绿林大盗举着几十把火炬，从张公岭路过，火光映树，杀声震天……

村民都吓得面面相觑，不知道哪里的村落已经遭殃，更害怕自家的刀斧棍棒敌不过强盗的回马枪。

此事闹得沸沸扬扬，一时人心惶惶。明明已是春耕时节，田间地头，却不见农民的半个身影。

太守大人心急如焚，若是传言为真，那一百多个响马飞贼绝对是个定时炸弹。隐患一日不除，地方则一日不宁。乌纱难保矣。

他迅速派出精干力量，四处查访，最终探明了真相。原来这里有个秀才，在天瓦庵读书。那天下午，他和三个朋友在山顶观赏落日。

有人提议："来都来了，不如月出之后再下山吧。良辰美景，可遇不可求。即便撞上老虎，也是命中注定。再说老虎入夜就会下山觅食，很安全的。"

众人觉得言之有理，便同意了这个提议。四人席地而坐，待到明月初升，只见草木烁烁泛光，周围寂寂无声，大家顿时心生怯意，只好挂着拐杖，一路摸索而下。

没走出几步，就听到山腰间传来一阵喧哗，仔细一看，才发现是家中奴仆，担心他们为虎所伤，便带着七八个僧人，手持火把，肩扛刀棍，前来接应他们。

这就是大盗、火炬、杀声的来源。

看着四处张贴的辟谣公告，秀才不禁哈哈大笑："当年谢灵运进山游玩，一路相随者有数百人之多。太守以为山贼出没，慌忙派兵剿杀，最后却发现只是一帮文弱书生，这才放下心来。我们那天晚上没有被抓起来关进大牢，也算是福大命大！"

所幸衙门里的官员都知道他爱戏谑、喜笑谈，也就没有放在心上。

这个秀才，便是明末清初的文学家、史学家张岱。

二

公元 1597 年，张岱出生于浙江绍兴。

高祖、曾祖、祖父都是进士出身，皆有著述传世。父亲张耀芳虽未金榜题名，却也当过长史，做过县令。

只是张岱自幼体质孱弱，从小便患有痰疾，到十六岁时才得以痊愈。

但这丝毫不影响他的文学天赋。在十岁之前，张岱至少有三次语出惊人、艳惊四座的经历。

六岁时，舅舅陶虎溪指着墙壁上的一幅画说："画里仙桃摘不下。"张岱脱口而出："笔中花朵梦将来。"

舅舅当场赞誉："此子必成当世江淹。"

江淹就是成语"江郎才尽"中的江郎，六岁能诗，名震天下。

张岱的叔祖父张汝懋（mào），官至大理寺右丞，但相貌丑陋，满脸瘢痕，眼眶朦肿，须发稀少且长得七歪八倒。他很喜欢这个侄孙，经常抱在腿上，一起谈文论史、吟诗作对。

这天，七八岁的张岱一边把玩叔祖父的胡须，一边奶声奶气地说道："美目深藏，桃核缝中寻芥子；劲髭直出，羊肚石上种菖蒲。"

用比喻、夸张的手法道出叔祖父的缺点，一点不留情面。张汝懋倒是欣慰万分，拊掌大笑，直夸："孺子可教也！"

陈继儒，号眉公，精通书画，与董其昌齐名。

九岁那年，张岱曾跟随祖父前往杭州，遇见陈继儒正骑着一头角鹿游西湖。

陈继儒也听说张岱善属对，便指着屏风上的《李太白骑鲸图》说："太白骑鲸，采石江边捞夜月。"

张岱望着眼前的这位老爷爷，笑着回应："眉公跨鹿，钱塘县里打秋风。"

陈继儒连连点头："聪敏灵隽，果然名不虚传！"

此后，两人便经常书信往来，诗文唱和，成为忘年之交。

湖心亭看雪那年，张岱首部杂史《古今义烈传》完稿，陈继儒还欣然为之作序。

张岱对陈继儒的尊敬和感激，在晚年的诗文中也屡有提及，只是自觉一事无成，有负前辈厚望，又倍感愧疚，黯然神伤：

张 岱

欲进余以千秋之业，岂料余之一事无成也哉！

——《嫏嬛文集》

三

极爱繁华，好精舍，好美婢，好娈童，好鲜衣，好美食，
好骏马，好华灯，好烟火，好梨园，好鼓吹，好古董，好花鸟，
兼以茶淫橘虐，书蠹诗魔，劳碌半生，皆成梦幻。

这是年近古稀的张岱在《自为墓志铭》里的一段话。

即便是财主家的儿子，面对精舍、美婢、骏马、鲜衣，最多也
只敢选个一两样，尝试一下而已。

但是在张岱看来，穷人才做选择题。只要自己喜欢，钱根本不
是问题，衣食住行，学玩游娱，必须样样都是顶级。

他年少时的繁华光景，由此可见一斑。好在张岱并不是玩物丧
志的富二代，而是劳逸结合、学习游戏两不误的天纵之才。

张岱从小便喜欢音律戏曲，跟随多位名师学过器乐，家中也养
有唱戏的班子。耳濡目染，至中年时，他已经成为戏曲评论界的
权威。经他点评的戏子、伎伶，立刻身价倍增。

崇祯十一年（1638），张岱在南京游玩，和朋友一起观看兴化
大班演出，张家旧伶马小卿、陆子云也在其中。

等到中场休息，戏班的演员都很好奇，拉着马小卿问个不停：
"为何今晚演出，你要这般认真？"

马小卿微微一笑，指着台下轻声说道："坐在上席的，是我昔日主人，指点过上千人的表演，在他面前，我岂敢草率？"

第二场戏开始后，台上演员全都拿出浑身解数，小心谨慎地表演每一个桥段，唯恐在鉴赏大师面前跌了份儿。

张岱阅人无数，自然懂得戏子的难处，很快就找个空当，大声喝起彩来。

他一带头，台下立刻掌声雷动，叫好声无数。

演员们这才彻底放松，顺利演完了剩下的戏目。

此后，南京的青楼只要安排戏班演出，必然邀请张岱坐镇，他一时不到便一时不开台。

张岱酷爱喝茶。他认为做茶之法，全在于细节把控，必须等到风和日丽的天气，选用新采摘的茶草，抽筋摘叶，武火杀青，文火炒热，每锅只能半斤左右，用锡罐盛放，如此才能做到色泽匀称，汤色透亮，回味悠长。

张岱还擅长斗鸡。他在龙山下设有斗鸡社，仿照唐时王勃作《斗鸡檄》，公然挑战同行。

他的叔父张联芳、好友秦一生经常带着珠宝字画前来与他一决高下，但总是输得一塌糊涂，两手空空。张联芳心有不甘，便花钱请来能工巧匠，为鸡嘴、鸡掌、鸡翅，制造全套护体装备，想方设法提高鸡的战斗力，却依然无济于事。

就在张岱即将成为"赌王"之时，他突然在野史中发现，因沉迷斗鸡败国的唐玄宗，竟和他同为酉年酉月生。

张岱顿时吓出一身冷汗，从此绝口不提斗鸡之事。

四

好景不长，张岱锦衣玉食、养尊处优的幸福生活很快就被迫终止。

崇祯八年（1635），三十九岁的张岱在京城参加会试，因为答题格式不规范，名落孙山。

巡按御史祁彪佳多次致信有司，为其称屈伸冤，皆石沉大海，杳无回音。

> 名山胜景，弃置道旁，为村人俗子所埋没者，不知凡几矣。
>
> 余因想世间珍异之物，为庸人所埋没者，不可胜记。
>
> ——《琅嬛文集》

张岱终于明白，这世间被埋没的美景珍稀实在不可胜数，都是庸人俗子惹的祸。

对于科举考试已然无望，张岱索性将更多精力用来游山玩水，拜师访友，钻研文史，著书立说，包括《石匮书》在内的一大批历史、美食、地理、医药、音律类专著，都在此时相继动笔。

公元 1644 年，李自成攻陷北京，崇祯皇帝自缢于煤山。后清世祖登基，立国不到三百年的大明王朝，就此覆灭。

国破家亡、走投无路之际，张岱只得隐居于剡（shàn）中。

鲁王麾下总兵方国安多次和县官一道，邀请张岱出山，共商复

国大计。张岱反复推脱无果，只好前往浙东赴任。

夜宿平水韩店时，他背上毒疮发作，疼痛难忍，半睡半醒之间，突然看见祁彪佳推门而入。

张岱知道好友已经过世，也清楚自己正在做梦，但依然躬身说道："祁兄尽忠报国，为吾辈楷模！"

祁彪佳却质问："您此时不埋名隐迹，为何偏要出山？"

张岱连忙解释："方国安诚心邀请共事，我也想为鲁王再尽一份力。"并将心中所拟计划全盘说出，一副胜券在握的样子。

祁彪佳根本不以为然："我夜观天象，大明气数已尽。方国安只是图你钱财，十日之内必会勒索军饷。"

张岱走到门外，只见天上大小星星，果然坠落如雨，并伴有崩裂之声。

祁彪佳长叹一声："你还是火速回山吧。完成《石匮书》，才是最要紧之事。"然后起身告辞，飘忽而逝。

屋外传来几声犬吠，嘶吼如豹，张岱陡然惊醒，低头一看，已经汗湿全身。

他打开窗户，夜风袭来，只闻远处犬吠之猛烈，竟与梦中如出一辙。张岱大骇，第二天一早，便匆匆回到家中。

没过几天，方国安突然带人进山，绑走张岱的儿子张镳（biāo），逼其捐助饷银。

梦中祁彪佳所言，竟然一一应验。

张岱无计可施，变卖了所有家当与万卷藏书，才赎回张镳。

此时的张岱，已年过五旬，片瓦寸土之间，环堵萧然，目之所及，仅"破床碎几，折鼎病琴，与残书数帙，缺砚一方而已"（《自为墓志铭》），与二十年前的光景相比，简直恍若隔世。

五

清顺治四年（1647），张岱从剡中回到故乡绍兴。时局不稳，山河破碎，家中田宅也在战火中荒废殆尽：

> 昔有负郭田，今不存半亩。
>
> 败屋两三楹，阶前一株柳。
>
> ——《张岱诗文集·张子诗秕》

张氏一家近二十口人，孙辈年幼，儿子非学即游，所有生活开支全靠张岱一人操持，压力可想而知：

> 恨我儿女多，中季又丧偶。十女嫁其三，六儿两有妇。
> 四孙又一笄，计口十八九。三餐尚二粥，日食米一斗。
>
> 大儿走四方，仅可糊其口。次儿名读书，清馋只好酒。
> 三儿惟嬉游，性命在朋友。四儿好志气，大言不怩忸。二
> 稺更善啼，牵衣索菱藕。老人筋力衰，知有来年否。
>
> ——《张岱诗文集·张子诗秕》

半生富贵优游、身旁婢仆无数的张岱，怎么也没有想到，垂迈

之年，手无缚鸡之力，还要做些又累又脏的粗活儿：

> 连下数十春，气喘不能吸。自恨少年时，杵臼全不识。
>
> ——《舂米》
>
> 近日理园蔬，大为粪所困。扛扶力不加，进咫还退寸。
>
> ——《担粪》

他并非没有选择。以其家世、才华和声望而言，只要愿意剃发易服，在清廷谋份高官厚禄，绝对不是难事。

但身为前朝遗民，张岱赤胆忠心，日月可鉴。早在剡中隐居时，他就曾想过以身殉节，却因《石匮书》未能定稿，不忍中途弃之，几次引决自裁不成。

不能赴死，不能变节，那就只有在夹缝中艰难求生：

> 古来作史无完人，穷愁淹蹇与非刑。
>
> 《石匮书》成穷彻骨，谁肯致米周吾贫？
>
> ——《毅孺弟作石匮书歌答之》

自古修史多磨难，除了经受穷困、愁苦和谪贬，有的还要遭受非刑。

《石匮书》成，已穷至彻骨，谁肯借米下锅、周济一二？

堂堂文坛巨匠，晚景凄凉至此，着实令人唏嘘。幸好张岱懂得苦中寻乐与自我调剂：

饿是寻常事，尤于是日奇。

既无方朔米，焉得洛生醨（lí）？

痡（pū）仆辞亲友，小儿剪藿葵。

一贫真至此，回想反开颐。

闭门愁客至，剥啄使人惊。

谋妇谁藏酒，呼僮自刈荆。

茗来稍解渴，琴在可移情。

翻恨偷生久，多余十一春。

——《甲午初度日是饿》

平常挨饿也就算了，生日这天还无米下锅，确实有些过分。

能贫穷到这个程度，想想倒有些开心。

一听到敲门声，就胆战心惊。

无粮也无酒，拿什么接待客人？

也只有以茶解渴，弹琴自娱。

这能怨谁呢？只能怪自己活得太久啊。

张岱如此幽默豁达，怎么可能不延年益寿！

物质可以贫穷，精神绝对要富足。张岱老无所依，食不果腹，依然笔耕不辍，《大易用》《西湖梦寻》《瑯嬛乞巧录》等经典著作，都成书于晚年。

万历四十一年（1613），十七岁的张岱曾与同伴一起，游览会稽山。至天章寺旁，他伫立静观，见竹石溪山毫无可取之处，与王羲之所叙景象相差甚远，不免大失所望。

从那以后，遇有外地游客来访，他都百般劝阻，唯恐这破败之景有辱"书圣"之名。

如今又逢癸丑之年，为了弥补六十年前的遗憾，张岱以七十七岁高龄再次爬山涉岭，探寻兰亭旧址。

奈何年代久远，史料缺失，任由张岱踏遍荆棘，历经坎坷，仍是一无所获。

即将返程之际，张岱突然想起，王右军乃风流人物，所选亭址必然秀丽可观，岂会藏于荒草丛林之中？

于是，他又返回至天章寺，找到一处平坦之地，环视四周，勘测左右，终于发现"崇山峻岭"者有之，"清流激湍"者有之，"茂林修竹"者亦有之。

随行的弟弟也兴奋得大声呼喊："是这里，就是这里了！"

两人便席地而坐，煮茶温酒，怀古论今，吟诗作对，日暮方归。

就这样，在"布衣蔬食，常至断炊"（《自为墓志铭》）的困境中，张岱一边苦心操持家计，一边专心著书立言，间或寻古访旧、登山临水，度过了人生中的最后时光。

公元 1689 年，张岱病逝于绍兴，享年九十三岁（存疑）。

六

张岱是晚明小品文集大成者，被誉为明清散文第一大家。

《陶庵梦忆》《西湖梦寻》二书，多写名胜风景、地方风物、传统习俗，篇幅简短，内容丰富，文笔清丽，灵动风趣，堪称巅

峰之作,《湖心亭看雪》与《西湖七月半》两篇,更是万人传诵,已成传世经典:

> 崇祯五年十二月,余住西湖。大雪三日,湖中人鸟声俱绝。是日更定矣,余拏一小舟,拥毳衣炉火,独往湖心亭看雪。雾凇沆砀,天与云与山与水,上下一白。湖上影子,惟长堤一痕、湖心亭一点,与余舟一芥、舟中人两三粒而已。到亭上,有两人铺毡对坐,一童子烧酒炉正沸。见余,大喜曰:"湖中焉得更有此人!"拉余同饮。余强饮三大白而别。问其姓氏,是金陵人,客此。及下船,舟子喃喃曰:"莫说相公痴,更有痴似相公者!"
>
> ——《湖心亭看雪》

冬夜,初更。孤舟看雪,云天一白。欣逢知音,对雪畅饮。乘兴而来,兴尽而归。如此痴迷于山水之乐、风雪之雅,与"雪夜访戴"的王子猷相比,有过之而无不及。

> 西湖七月半,一无可看,止可看看七月半之人。看七月半之人,以五类看之。其一,楼船箫鼓,峨冠盛筵,灯火优傒,声光相乱,名为看月而实不见月者,看之;其一,亦船亦楼,名娃闺秀,携及童娈,笑啼杂之,环坐露台,左右盼望,身在月下而实不看月者,看之;其一,亦船亦声歌,名妓闲僧,浅斟低唱,弱管轻丝,竹肉相发,亦在

月下，亦看月，而欲人看其看月者，看之；其一，不舟不车，不衫不帻，酒醉饭饱，呼群三五，跻入人丛，昭庆、断桥，嚣（jiào）呼嘈杂，装假醉，唱无腔曲，月亦看，看月者亦看，不看月者亦看，而实无一看者，看之；其一，小船轻幌，净几暖炉，茶铛旋煮，素瓷静递，好友佳人，邀月同坐，或匿影树下，或逃嚣里湖，看月而人不见其看月之态，亦不作意看月者，看之。

——《西湖七月半》

七月半赏月之人，不外乎五类：一为附庸风雅的官绅；二为无意风雅的千金闺秀；三为卖弄风雅的名妓闲僧；四为不懂风雅的市井之徒；五为邀月同坐的风雅之士。

既写景，更写人，欲言将止，又爱憎分明，张岱身居闹市，立于喧嚣，还能识人断物、评析优劣，真乃人间清醒。

张岱诗词文赋、天文地理、史学医技、文字书法、戏曲音律、历法藏书、园林美食，无所不通，无一不精，是晚明遗老中难得的文艺全才，而且行辈最高，享寿最长，名动四方却隐居半生，最通人情又高洁脱俗，以富贵豪奢而起，以困苦潦倒而终，繁华看遍，百味尝尽，著作等身，青史留名。

即便未能金榜题名、拜官封侯，身为一介书生，能有这般阅历和成就，张岱的人生已近圆满。

当然，他并非没有遗憾。张岱位居"浙东四大史家"之首，有数百万字的史学著作，其代表作《石匮书》，耗时近三十年，"五易其稿，九正其讹"（《石匮书自序》），以文人之笔修史，极言大明三百年的兴亡变迁，被明末"石井道人"李长祥赞为"当今史学，无逾陶庵"（张岱号陶庵），常与《史记》相提并论。

可惜这些著作，大部分只有钞本传世，且缺卷较多，一直藏于深阁，鲜为人知。

后世谈及张岱，也都以文学家相论，其史学成就，极少有人关注。

另外，被誉为"中国文化小百科全书"的《夜航船》，也是张岱晚年所著。

由于在《自为墓志铭》中并未提起，写成后也未刊刻，导致作者离世之后的很长一段时期内，人们都不知道这本书的存在。

直到二十世纪八十年代，浙江古籍出版社首任社长刘耀林先生，对宁波天一阁藏本进行整理校注，《夜航船》才得以重见天日。

本是稀世珍品，却尘封三百余年，无人得知。张岱耄耋之年的全部心血和汗水，差点付之东流。

若他泉下有知，会不会痛惜万分、悲怆不尽？

应该不会。

崇祯年间，张岱前往泰州为父祝寿，夜过金山寺。他让仆人在殿堂内搭起戏台，张灯悬彩，演起韩世忠大战金兵曲目。

寺庙僧众听闻唱白做打之声，顿时睡意全无，争相前来观看。

有老僧眯着睡眼、打着哈欠，想看清到底是何人，因何事、在何时至此，却不敢开口相问。

张岱明知僧人有万般疑惑，也未主动解释一二。

一曲唱罢，天边曙光已现，张岱一行便径自离开，乘船过江。

僧人追至山脚，目送久之，始终不知是人、是怪、是鬼。

这是张岱《陶庵梦忆》卷一所载《金山夜戏》，当为亲身经历。

他并非清傲高冷，也非故作神秘，而是秉性如此，习惯使然。在张岱看来，锣鼓喧天也好，曲终人散也罢，都是戏台常态。

我是谁，演过什么角色，留下多少作品，观众能不能记住我，都不重要。

只管尽心参与其中，然后飘然离去，留下一个潇洒的背影，足矣。

人生亦如戏，一切皆同理。

张廷玉

一

乾隆十五年（1750），安徽桐城。

大学士张廷玉，正坐在城门外的树荫下，面色凝重，愁眉紧锁。

在京城，身为内阁首辅、领班军机大臣和天子最宠信的汉臣，他曾经无数次憧憬过圣上恩准归乡之时该是何等风光的场景。

是否像前朝宋濂一般，在动身之前有天子饯行，百官相送。又或者如大唐贺知章，功成名就、衣锦还乡之余，还能写下两首小诗，千古传唱，万世流芳。

张廷玉未曾料到，离京之时，莫说天子，就是级别稍高一点的官员都不见。

南下途中，也没有任何州府衙门为其接风洗尘。

即便双脚踏上故土，也未见半点官员身影，只有亲侄儿和三五宗亲在城外等候他这个耄耋老人。

张廷玉不禁有些失落。

这场面，莫说与前朝先贤相比，就算和十三年前的自己相比，那也是天壤之别。

雍正十一年（1733），他回乡祭祖。

临行之际，皇帝赐他玉如意，祝福往来平安，万事遂意，还诏令沿途官府，大学士所过之处必须有官员迎接，兵卒护送。

一个月后，张廷玉上书谢恩，雍正又回了一封亲笔信：

　　览卿奏谢，知卿一路如意抵家，深慰朕念。吉人天佑，理所必然。朕即位十一年来，在廷近内大臣一日不曾相离者，惟卿一人，义固君臣，情同契友。今相隔月馀，未免每每思念，然于本分说话又何尝暂离寸步也。俟卿办理祭典毕，明春北来，握手欢会可也。所奏一路地方情形，欣幸览之。都中得雪两次，直省各处奏报大率相同。天恩似普，其内外事宜如卿在京光景，颇觉相安。特谕，以慰卿之系念。

爱卿顺利抵家，朕深感欣慰，这也是吉人天佑，理所当然。

朕即位十一年来，身边大臣一日未曾相离者，只有爱卿一人，虽为君臣，情同密友。如今分别月余，朕无日不在思念。

爱卿不在京城之日，内外事宜一如往常，朕稍感心安，你也不必过于挂念。

待祭典完毕，爱卿明春北归，再与朕执手言欢。

这语气，哪里像是君臣之言，简直就是一对小别的恋人。张廷玉在天子心中的分量，由此可见一斑。

只是人生无常，世事难料，不过十余年光景，曾经的朝廷重臣退隐返乡之时，却是这般凄切冷清。

"多想无益，徒增伤感。纵有坎坷，能安享天年，足矣。"张廷玉一声长叹，在随从的搀扶下，缓步走进城门。

但他不知道的是，还有一场更大的风波即将奔袭而来。

二

公元 1672 年，张廷玉出生于北京。

张廷玉的祖上几代皆在朝中为官。父亲张英时任翰林院编修，后来官居文华殿大学士兼礼部尚书，位列宰执。

张廷玉自幼聪明，好学博闻，十岁能读《尚书》《毛诗》，且粗通大意。十二岁时，他随父亲游龙眠别业，便可屡作新诗。

张英甚是欣慰："已通典诰兼风雅，远胜而翁十岁时""喜看玉儿刚十二，也能提笔咏寒蓉"。

十六岁时，张廷玉在桐城参加童子试，获县学第六名，考场之作还被选为范文，在太守府、广文馆以及参考童生间广为传阅。十三年后，他通过春闱和殿试，进士及第，获任翰林院庶吉士，并奉旨开始研习清书。

清朝规定，入职翰林院的年轻人必须精通满文，以充当天子侍从，方便随时奏对答疑。

身为相府公子，张廷玉深谙个中利害。在父亲的督促指点下，张廷玉废寝忘食，夜以继日，不到两年，便在清书殿试中斩获一等第一名，改为翰林院检讨，担任《亲征平定朔北方略》纂修官。

康熙四十三年（1704），天子专门在畅春园召见张廷玉，询问张英退休近况。

张廷玉一一回禀，同时奉命赋诗两首。

康熙甚为高兴，将诗交与大学士陈廷敬，令其录入朝廷正在编纂的《清文颖》，并赏赐四品官服，让张廷玉当天侍值南书房。

从此之后，张廷玉就成了天子扈从，终日形影不离。不论是热河避暑，还是边塞狩猎，康熙都将其带在身边，从未有过例外。

> 客里何堪节序更，秋窗听雨倍凄清。
> 霜零短草寒蛩（qióng）歇，风响枯枝病马惊。
> 小户醉余元亮酒，壮心消尽退之橐。
> 斯时苦忆江南路，篱有黄花树有橙。
>
> ——《塞外久雨和王麟照》

塞外苦寒，凄风冷雨，霜零草枯，怎比得上篱有黄花、果满枝头的江南。

随銮伴驾的生活自然艰苦，但张廷玉的职位也因此一路高升，从司经局洗马到内阁学士，再到礼部侍郎，他的仕途轨迹，正逐渐向父亲看齐。

三

康熙六十年（1721），山东盐贩聚众劫夺村庄，为首六七人，各率数百刁民，昼夜横行，抢劫盐店富户，以致过往行人畏缩不前，南北交通几近阻断。

巡抚、总兵竭力缉拿，共擒获一百五十余人。

案情奏至朝廷，天子放心不下，诏令刑部侍郎张廷玉和都统陶赖、内阁学士登德前往济南，会同抚镇，严审治罪。

张廷玉接旨后一直忧心忡忡，唯恐处置不力，有辱使命。同行两位官员皆为初交，未曾共事，又恐意见不一、相互猜忌，会有掣肘之患。

好在三人目标一致，并无二心，抵达山东后立即开展工作，走访群众，查阅案卷，提审疑犯。很快，张廷玉便得出结论："此为盗案，并非叛乱。"

众人不解："何以见得？"

张廷玉分析："看这些人口供，带头大哥不是'仁义王''无敌将军'，便是'义勇王''飞腿将军'，典型的市井诨名，不足深究。"

陶赖、登德深以为然。于是将在押一百五十余人审讯结案，此外未曾查捕一人。

有地方官员很是担心："公等如此治案，实属宽容，只是未到案者尚有数千人，若假以时日，又蠢蠢欲动，必有后患也。"

张廷玉则回复道："诸位不必多虑，大凡乌合之众，皆受一二人蛊惑，只要歼其魁首，胁从之人皆可洗心革面。我当手书告示，谆切劝导，感发天良，汝等再勤加告诫，不时稽查防范，未必人人都是怙恶不悛者。不能为了防范后患，而去草菅人命，这会有损皇上好生之德。"

果然如他所料，经州府暗中查访，数天之后，那些团伙便已各自解散，不复为患。

此次山东之行，往返仅一月有余，断案速度之快、抚镇效果之好，大出朝廷所料。

不久，康熙又下旨，改张廷玉为吏部左侍郎。

四

公元 1722 年，康熙病逝，四皇子胤禛继位。张廷玉的仕途又一次迎来飞升。

新皇刚登基，即令张廷玉兼学士衔，办理翰林院文章：

> 大事典礼繁多，文章关系紧要，侍郎张廷玉为人老成，著兼学士衔，协同掌院学士阿克敦、励廷仪，办理翰林院文章之事。
>
> ——《张廷玉年谱》

当时的康熙尚未发丧，雍正于乾清宫东厢守灵，群臣有事上奏，皇帝需要拟旨，便召张廷玉入内，口述大概。

张廷玉或隔帘而坐，或伏地以书，天子话音刚落，文稿随之写就。此般操作，每天不下十数次，总能言辞精准，大称上意。

同年十二月，张廷玉晋升为礼部尚书。在诏书中，雍正给出的理由是："礼部一职，事关重大。朕再三思量，非爱卿不能胜任。"

几天后，天子又把编修《圣祖仁皇帝（康熙）实录》的重任，交给张廷玉，并无比殷切地告诉他："汝世受国恩，又是先皇旧臣，侍从多年，昔日圣德神功，无不亲知灼见。如今编修实录之任，只能有赖于卿。务必详尽记载，据实录入。"

还是在这一年，张英被追授为太子太傅，张廷玉妻子姚氏被封

为二品诰命夫人，又荫一子。

加官进爵、封妻荫子、追封先辈，普通官员穷尽一生也够不到的天花板，张廷玉却在短短数月间轻松获得。

张廷玉为何深得天子倚重，雍正一开始就说得特别清楚：

> 朕在藩邸时，不欲与廷臣相接，是以未识汝面。囊者奉皇考命会同大学士办理公事，汝以学士趋跄其间。朕见汝气度端凝，应对明晰，心甚器重之。询之旁人，知为吾张师傅之子。朕心喜曰："吾师有子矣。"后闻汝官刑部吏部皆有令名，更为喜慰。今见汝居心忠赤，办事敬诚，益知为天祖所笃生，皇考所教养成兹伟器，以辅翊朕躬者也。汝其勉之。
>
> ——《张廷玉年谱》

朕未登大位之时，曾与你协同办理公事，见你气度端庄，认真专注，应对作答观点鲜明，条理清楚，顿觉眼前一亮。

询问旁人，得知你为吾师（张英）之子，备感亲切。

又听闻你在刑部、吏部政绩斐然、官声颇佳，更深感欣慰。

如今见你赤胆忠心，办事敬诚，定是先皇用心良苦，将你栽培成器，留作朕用。

你自当勤勉，莫负厚望。

这一番肺腑之言，真是把张廷玉感动得老泪纵横，连连叩谢。

浩荡皇恩，仍在继续。

五

雍正元年（1723），张廷玉奉旨为诸皇子师傅，后加太子少保，署理都察院事，兼任翰林院掌院学士。同年九月，调任户部尚书，任四朝国史总裁官。

五年后，擢升为保和殿大学士，又兼管吏部尚书事务。至雍正七年（1729），朝廷首设军机处，张廷玉担任领班军机大臣。

年过五旬的张廷玉，已然位极人臣。但天子赐予他的荣耀，远不止位高权重。

雍正刚继位，曾让张廷玉连续担任一届乡试、两届会试的主考官。张廷玉倍感荣幸，称"两年之内，三秉文衡，遭人臣不世之遇"（《张廷玉年谱》）。

天子执政伊始，求贤若渴，将选拔良材的重任屡次托付给同一人，这份信任重逾千钧。

张廷玉也未曾辜负新皇厚望，每次主考必然公正谨慎，细心搜阅，确保不疏漏一篇佳作，不错过一位良材。发榜之日，不仅"舆论翕然"，雍正也表示："朕心甚为嘉悦。"

拟任翰林院掌院学士时，张廷玉百般推辞："微臣学识浅陋，怕难担重任。"

雍正的态度仍然十分坚定："爱卿学问优异，虚怀若谷，当是不二人选，为何还要推辞！"然后赋诗一首，题写在宫扇上，赐给张廷玉：

峻望三台近，崇班八座尊。

栋梁才不忝，葵藿志常存。

大政资经画，吁谟待讨论。

还期作霖雨，为国沛殊恩。

——《御笔赐尚书张廷玉》

汝为栋梁之材，又满腔赤诚，资历与威望，已与三公、尚书无异。经世治国，还有赖爱卿建言献计。

期待早日化作甘霖，滋润江山社稷。

皇上如此言之切切，张廷玉自然无法拒绝，他也应诗两首，表示感谢：

再拜聆天语，和衷愧转深。

栋梁邀帝奖，葵藿鉴臣心。

谬掌孙通礼，难为傅说霖。

君恩期许意，长奉作官箴。

——《恩赐御书诗扇恭纪二首·其二》

聆听圣上教诲，实在很是羞愧。

微臣愚钝，和叔孙通、傅说这些先贤相比，还有很大距离。

君王期许，微臣一定铭记于心，视为做官箴言。

当年五月十一日夜，张宅遭遇火灾。次日一早，皇上听说后立即派员慰问，赐白金千两，并诏令内务府总管为其寻得官房一处。

雍正七年（1729），天子又觉得旧居低洼偏小，与张廷玉身份不符，特赏宅邸一处，再赐白金千两，用作迁移之费。

乔迁之日，雍正御书"调梅良弼"四字，以示恭贺。一年后，又赠"赞猷硕辅""不染心""含清晖""绿荷池畔吟新句，翠竹林中披异书"三块匾额、一副对联。

天子日理万机，惜墨如金，自然不会轻易提笔、随意书写。一字一句，都有深意。

"调梅良弼""赞猷硕辅"言张廷玉善于辅佐君王，是为宰执之臣。

"不染心""含清晖"和对联中的"绿荷""翠竹"，则是赞其思虑忠纯，品行高洁。

此番用意不言而喻：朕就是要把对你的欣赏与信任，告诉天下所有的人。

六

公元 1735 年，雍正病危。临终前，他定下张廷玉、庄亲王允禄、大学士鄂尔泰等人为顾命大臣，并在遗诏中提起，让张廷玉死后配享太庙。

乾隆登基后，张廷玉依然备受倚重，以保和殿大学士身份统领吏部、户部和翰林院，又奉命为皇子师傅，兼任《明史》《清世宗实录》《玉牒》等重要典籍总裁官，受封三等勤宣伯，与鄂尔泰一起，被誉为"唐之杜（如晦）房（玄龄）"。

身为三朝元老，又是两代皇子师傅，乾隆给了张廷玉至高礼遇，御门升殿无须侍立，出入禁宫可乘坐肩舆。天子每次外出巡幸，都让他留京总理事务。

一个汉族大臣，能在大清皇室中受到如此推崇与信任，实属罕见。遗憾的是，张廷玉并没有将这份无上荣光持续到告老还乡。

乾隆十三年（1748）正月，他面奏天子，以年迈体衰、难以履职和古稀致仕、朝堂惯例为由，请求退休。

乾隆很不理解："卿受两朝厚恩，且将来配享太庙。岂有从祀元臣归田终老之理？"

既是可以配享太庙的老臣，岂有退隐终老的道理？

在他看来，张廷玉既未遭遇重大变故，也无其他不得已苦衷，却轻言退休，不仅愧对两位先帝至优至渥之恩，也有负自己这十几年来的眷待与厚爱，实在有失人臣节操。

乾隆越想越气，忍不住批评张廷玉："如果七十就必须请辞，那又何来'八十杖朝'的典故？总想着归隐田园、徜徉山水之乐，就忘了武侯鞠躬尽瘁、死而后已之训？"

他甚至觉得，此事关系"国体官方、人心世道"，必须写进谕旨，告知百官，以免不知情者，以为朝廷不能优待老臣。

这样一来，张廷玉可就承受不起了。他慌忙叩首谢罪，连称"见识短浅，思虑未能周全"，不敢再提致仕之言。

一年后，乾隆见张廷玉确实容颜憔悴，形体消瘦，心中又觉不忍，便准其不必每天上朝，可五日一进内廷，以备顾问。

当年冬天，经御医诊断，张廷玉"心脾虚弱""久不得愈"。

乾隆终于同意，让他在次年春天以原官致仕，回到桐城养病，并在圣旨中深情款款地表示："十年之后，朕五十正寿，大学士亦将九十，届时汝轻舟北来，入朝觐见，君臣重逢叙旧，当属一大盛事。"

张廷玉自是大喜过望，连忙领旨谢恩，回府商定明春返乡事宜。

但在离开京城之前，他还有一件心事需要向天子确认。而正是这次面圣，让毕生谨慎的张廷玉彻底翻了船。

七

张廷玉奏请："圣上曾言从祀元臣不得归田终老，微臣如今提前回乡，死后还能否配享太庙？"

乾隆回应："此乃先皇遗命，早已布告中外。大学士并无重罪，朕岂会不依？"

张廷玉伏地不起，脱帽叩首："微臣斗胆，请一辞以为券。"

已经说好的事情，还要凭证作甚，这分明是不相信朕啊！乾隆虽是不悦，倒也没有计较，还是赐诗一首，好让张廷玉安心：

> 造膝陈情乞一辞，动予矜恻动予悲。
>
> 先皇遗诏惟钦此，去国余思或过之。
>
> 可例青田原侑庙，漫愁郑国竟摧碑。
>
> 吾非尧舜谁皋契？汗简评论且听伊。

你跪地陈情，乞求只言片语，朕很是动容，起了恻隐之心。

先皇早有遗诏，你可以如刘基般配享太庙，无须担心和魏征一样，逝时极尽哀荣，死后却被天子摧毁墓碑。

朕不是尧舜，谁又能成为皋陶和契一样的贤臣呢？是非功过，都留给后人评说吧。

圣上手谕，白纸黑字，张廷玉配享太庙之事，当无变数。只是乾隆在诗中专门提到魏征，是有意还是无心？

张廷玉伴君多年，个中深意自然一眼就能看穿，顿时浑身冒汗，惶恐到了极点。

他连夜起草谢恩表，反复酝酿，字斟句酌，至鸡鸣时分才定稿，准备在早朝呈送天子。不料年迈体弱，熬过通宵之后，头晕目眩，举步维艰，迟迟未见好转，万不得已便让儿子张若澄代为上奏。

等到奏折送进内廷，张廷玉又觉得甚为不妥，担心遣子谢恩之举与人臣礼节不符。于是次日一大早便直奔宫门，向天子引咎陈情。

没想到这番阴差阳错的折腾，竟惹得乾隆火冒三丈、震怒万分。

昨天看到张若澄进宫，天子就很不高兴，谢恩这种事怎可代办？一点真情实意都没有！

他马上吩咐军机处拟旨，让张廷玉"明白回奏"，说清楚到底是咋回事。

可圣旨尚未送出，就见到张廷玉前来谢罪，乾隆更是龙颜大怒，他为何能提前知晓圣意？莫非宫中竟有耳目？这还了得！

此时的张廷玉，有错在先，百口莫辩，只得跪倒在地，听候处置。

乾隆还是给了老臣几分薄面，仅仅削去他的爵位，以示惩戒。

次年初春，皇长子永璜病逝，张廷玉依礼参与治丧。一个月后，他上书天子，请求南归。

乾隆压抑已久的怒火彻底爆发："你身为皇长子师傅，初祭刚过便急于离京，丝毫不顾师生之谊，漠然无情，一至如此！"又命左右拿出配享太庙名单，多尔衮、费英东、福康安、鄂尔泰……全是汗马百战、开疆拓土的功勋之臣。

他质问张廷玉："你自行衡量，有无资格配享！"

张廷玉大骇，长拜不起，主动请求"罢臣配享，并治臣罪"。

最终，乾隆召集六部尚书和都察院、通政司、大理寺堂官商议，决定取消张廷玉配享太庙资格，但念其为三朝老臣，不再贬职问责。

就这样，曾经位极人臣、显赫一时的张廷玉，而今狼狈不堪地回到了桐城。

原以为事情到这里，已经告一段落。晚年的张廷玉至少可以闲居乡里，安度余生。

不料，就在当年七月，他的亲家朱荃隐瞒丧母之实，未按规定守制，且收受贿赂，徇私枉法，被监察御史弹劾。

尽管张廷玉并不知情，更无实质性过错，但还是受到牵连，历年获赐的珍品物件悉数被朝廷追回，并被处罚银二十万两。

五年后，张廷玉在旧居郁郁而终，享年八十四岁，与父亲张英一起安葬于桐城龙眠山。

乾隆思虑再三，还是遵循雍正遗愿，以"先皇遗命，朕何忍违"的理由，将张廷玉配享太庙。

八

张廷玉生前受封勤宣伯，开清朝文臣封伯侯之先例；身后配享太庙，清代汉臣中仅此一人。在满人治国的大清，他能有此殊遇，自有过人之处。

他勤于政事，夙夜在公，成为天子近臣之后，更是未曾有过半日懈怠。

他以大学士兼管户部、吏部，又掌翰林院，责任极其重大，事务甚为烦琐，无论晨夕寒暑，都在内廷当值，以备天子不时宣召。

当时西北战事正酣，军情战报，纷至沓来，片刻不容有误。车中、马上，阶前、树旁，张廷玉都在披览文书，承办奏章，竟无半点闲暇。

他处理政务，从不拖延积压，白天未办结，则夜以继昼，"然双烛治事"（《郎潜纪闻初笔二笔三笔》），即便睡在枕上，想起疏稿之中尚有不妥之处，也会披衣而起，执笔修订，往往至黎明而不自知。

张廷玉的勤勉与忙碌，连雍正都感到过意不去："爱卿总领大纲，无须事必躬亲，纵然偶有疏漏，朕皆原谅，断不会督责于你。"

在皇帝眼里，他是毋庸置疑的"大臣中第一宣力（效力）者"。

他德高望重，清廉谨慎，担任权臣多年，从不谋一己之私、济一己之利。

张廷玉久居中枢，地位尊崇，却不追求"宫室之美，妻妾之奉，服饰之鲜华，饮馔之丰洁，声伎之靡丽"（《澄怀园语》），日常饮食、家具器物，皆朴实简陋，聊以充数。

雍正知道张英一生清廉，身后仅留藏书，未有积蓄，便多次赏给张廷玉白银与典铺，助其用度从容，尽心公务。张廷玉却将所获之物，全部用来扶危济困，赈灾救民。

他非常注重家风家教，常常告诫儿孙，长在富贵之家，切不可沾染纨绔习气。他向朝廷举荐贤良，也特别注重人品德行。且多为私下举荐，往往后进者获得擢升，竟不知受益于何人。

张廷玉辅政数十年，经手文牍不可胜数，未留片稿藏于私室，未与督抚外吏有一字相传。即便家人子弟，也不能打探毫厘。晚年因朱荃案受罚，内务府追缴朝廷赏赐之时，一并抄走大量私人文稿与信件，也未发现有任何不敬、僭越之语。

他仁和宽厚，谦让大度，身在高位，既不倚官仗势，更不居功自傲。

张廷玉多次主持乡试、会试，任殿试读卷官，若有亲属参考，即便不在回避之列，他也主动退让，请求避嫌。

堂弟张廷珩、儿子张若霭先后参加殿试，才华出众，脱颖而出，被天子置为一甲。张廷玉却认为，官员子弟平素获益良多，不应再与寒士争名，一再坚持将两人降为二甲。

乾隆登基不久，准备设"三老五更"之位，对年高德劭之人，以父兄之礼养之。鄂尔泰、张廷玉两人年尊位高，资历深厚，可居此位。

鄂尔泰态度暧昧，摇摆不定，张廷玉则称古礼隆重，名实难副，断以为不可。

后来，古稀之年的乾隆皇帝再次读到张廷玉的《三老五更议》，不禁感慨"廷玉之议为当"，称鄂尔泰沽名钓誉"近于骄者"，张廷玉则低调严谨"近于懦者"。

而这一天，距离他惩戒张廷玉，削其伯爵、罢其配享、缴其罚金，已经整整过去了三十五年。

尽管雍正在遗诏中特别强调张廷玉"器量纯全，其功甚巨……朕可保其始终不渝"，乾隆也曾公开赞其"吕端大事不糊涂"，但在君权至上的时代，天子驭臣，无不恩威并举、用舍反复。

即便圣明如唐太宗、忠良如魏玄成，也会上演信任又猜忌、摧碑又立碑的闹剧。张廷玉在晚年有此一劫，也就不足为奇了。

好在他去世之后，次子张若澄并未受到岳父朱荃牵连，官至内阁学士兼礼部侍郎，幼子张若淳以郎中出为云南知府，后为内阁学士、工部侍郎，孙儿张曾谊也先后担任平阳知府、山西和浙江按察使。

据说乾隆还多次召见张曾谊，称"汝曾祖英、汝祖廷玉皆为贤相，汝家世受国恩，非他臣可比""汝好好居官，还要大用"，也算是一种抚慰与补偿了。

至于张英、张廷玉"父子宰相"鞠躬尽瘁、忠君辅政的故事，则在民间广为流传，深受百姓推崇和追念。

如今的龙眠山麓，宰相坟前，逢时过节，前来祭祀与缅怀者一直络绎不绝。

郑板桥

一

乾隆十一年（1746），山东潍县。

潍县本是齐鲁重镇，素有"千里粮仓"之称，县令郑板桥上任之时，却正逢大灾之年，地无粮，锅无米，人相食。

危急之时，郑板桥当机立断，决定开仓放粮。消息一出，同僚纷纷劝阻，说常平仓属朝廷管辖，县里无权使用。

郑板桥勃然大怒："都什么时候了！若是层层上报，百姓早就死光了。你们只管执行，有任何责任，我一人承担。"

郑板桥立即通知手下，按登记在册的人口数定量发放赈灾粮，短短几天便救活了数万灾民。

百姓无不感恩戴德，将新米的县令奉若神明。

那些同僚、上级和前任，心里却是五味杂陈，他们反复提醒郑板桥，官场有风险，救灾须谨慎，初来乍到，凡事务必三思后行。

看似语重心长，实则居心不良，不是嫉妒他处事果断，深得民心，就是笑话他幼稚愚蠢，不懂得明哲保身。

郑板桥终是不胜其烦，发出声明，此后身旁无人再提开仓之事，耳边顿时清静了许多。

当然，能把说到这个份儿上的，也只有他郑板桥。毕竟他是大清朝最有名的狂人。

二

公元 1693 年，郑板桥出生于江苏兴化。

和其他文化名人相比，他的成长经历显得有些另类。

他自幼随父学习，资质平平，相貌普通，没有任何出众之处。等到年龄稍长，却突然性格大变，傲慢自负，张扬跋扈，口出狂言，失礼无度，一下子就成了远近闻名的反面典型。

家长纷纷告诫自家孩子要与姓郑的娃娃划清界限，以免受其毒害，误入歧途。

好在郑板桥性格上叛逆不羁，读起书来却非常努力。被窝里、小舟上、树荫下，有片刻空闲，他都会手捧书卷，沉浸其间。

经常会在朋友聚会、宴饮作乐之时，思维突然"闪退"，动作瞬间"卡顿"，筷子悬在半空，嘴巴停止嚼动，半晌都回不过神来。

在外人眼里，这个小家伙已经走火入魔、无可救药。其实他并没有生病，只是用功太过、思虑太深而已。

遗憾的是，虽然他这般刻苦用心，赶考之路却极为不顺。

三

晚年郑板桥曾携带一枚印章，刻有十二个大字，"康熙秀才、雍正举人、乾隆进士"。

在古代，印章就是社交平台的签名，时时刻刻都在宣示主人的

经历和身份。

郑板桥从秀才到进士，竟横跨三代帝王，耗时小三十年，这一路上的辛苦与煎熬可想而知。

而其间屡屡发生的家庭变故，更是让他本就艰难的生活雪上加霜。

考取秀才时，郑板桥已经娶妻徐氏。为了买米下锅，补贴家用，他不得不外出投简历，到处找工作。

只是一介书生，除了懂文墨，别无一技之长，走遍大街小巷，受尽冷眼之后，仍是一无所获。

万般无奈之下，郑板桥只得前往仪征，经朋友介绍当起了私塾先生。

这是一份苦差使，位卑心累，受人管制，事多钱少，离家甚远，既无半点清闲，更无一分自由。多年后，实现了财务自由的郑板桥，回忆起这段经历，依然唏嘘不已：

> 教读原来是下流，傍人门户过春秋。
> 半饥半饱清闲客，无锁无枷自在囚。
> 课少父兄嫌懒惰，功多子弟结冤仇。
> 而今幸作青云客，遮却当年一半羞。
>
> ——《自嘲》

转眼已过四年，郑板桥已至而立之年，生活却无以为继，家徒四壁，一贫如洗。

就在他一筹莫展、自艾自怜之际，父亲又突然离世。

屋漏偏逢连阴雨，破船又遭打头风。身无分文的郑板桥简直欲哭无泪，只得卖掉父亲生前挚爱的藏书，才勉强办完了丧事：

> 郑生三十无一营，学书学剑皆不成。
>
> 市楼饮酒拉年少，终日击鼓吹竽笙。
>
> 今年父殁遗书卖，剩卷残编看不快。
>
> 爨（cuàn）下荒凉告绝薪，门前剥啄来催债。
>
> 呜呼一歌兮歌逼侧，惶遽读书读不得！
>
> ——《七歌·其一》

辛苦半生，一事无成，果真百无一用是书生。

但郑板桥对未来仍然充满希望，最穷无非讨饭，不死终会出头，他决定到扬州去碰碰运气。

扬州自古繁华，春风十里人家，朱门遍巷，名媛满座。只不过，这一切都与郑板桥无关。一个在温饱线上挣扎的穷人，无暇顾及，更无福消受任何风景。

他开始卖画为生。虽然这个行当的收入还没有当私塾先生时稳定，但好歹能落个"民间艺术家"的雅称，摆摊卖艺之余，郑板桥偶尔也会写诗自嘲：

> 学诗不成，去而学写。
>
> 学写不成，去而学画。

　　日卖百钱，以代耕稼。

　　实救困贫，托名风雅。

　　免谒当途，乞求官舍。

　　座有清风，门无车马。

——《署中示舍弟墨》

　　当然，卖画只是为了糊口，金榜题名才是最终追求。

　　寄居扬州的郑板桥十年如一日，白天挥毫泼墨，夜晚挑灯苦读，即便遭遇妻子病逝、儿子夭折，也从未轻言放弃。

　　公元1732年，四十岁的郑板桥赴南京赶考，终于在乡试中胜出，顺利中举，随后参加殿试，又获第二甲第八十八名进士。

　　捷报传来，他又悲又喜，至亲都已不在人世，纵有万千感慨，又有何人可诉？

　　忽漫泥金入破篱，举家欢喜又增悲。

　　一枝桂影功名小，十载征途发达迟。

　　何处宁亲唯哭墓，无人对镜懒窥帷。

　　他年纵有毛公檄，捧入华堂却慰谁？

——《得南闱捷音》

四

　　公元1742年，经慎郡王允禧推荐，候缺多年的郑板桥被任命为河南范县县令。

亲朋好友知道他天性疏狂，举止放旷，在欣喜宽慰之余，不禁有些为他担心，通过各种途径提醒他谨言慎行，低调做人。

已近知天命之年的郑板桥根本不为所动，依旧我行我素，最终以实力演绎传奇，活成了范县史上最特别的一位县官。

他不讲排场，不管闲事，不接受宴请，不收受馈赠，坚持当日事当日毕，文不隔夜，案不隔月。几年下来，当地便秩序井然，讼案骤减，百姓各安其业，自得其乐。

至于郑板桥自己，更是潇洒得一塌糊涂，不是吟诗作画，就是喝酒吃肉：

> 讼庭花落，扫积成堆。时时作画，乱石秋苔。时时作字，古与媚偕。时时作诗，写乐鸣哀。闺中少妇，好乐无猜。花下青童，慧黠适怀。图书在屋，芳草盈阶。昼食一肉，夜饮数杯。
>
> ——《止足》

他特别亲近百姓，经常和他们打成一片，下麦陇、走瓜田，饮百家浊酒，看千户炊烟：

> 春雨长堤行麦陇，秋风古庙问瓜田。
> 村农留醉归来晚，灯火千家望不眠。
>
> ——《自咏》

在循规蹈矩的官场，郑板桥如此不按套路出牌，自然饱受非议。

同僚说他嗜酒如命，落拓无行。上司则直接定性，称他只是一介书生，担不起州县主政。

郑板桥完全不在乎，他知道范县的百姓是认可他的，将他视为黄霸再世，龚遂重生。

金杯银杯，怎敌百姓口碑。金奖银奖，何如百姓夸奖。也正因为如此，晚年闲居之时，郑板桥对范县的父老乡亲才会念念不忘、魂牵梦萦：

> 范县民情有古风，一团和蔼又包容。
>
> 老夫去后相思切，但望人安与岁丰。

——《赠范县旧胥》

五

公元1746年，郑板桥转任潍县，先遇久旱，后逢大涝，灾荒连连，生灵涂炭。

为救万民于水火，他到任后一口气亮出三招，打了一套组合拳：

先是自行做主，顶住压力，开仓放粮，以解燃眉之急。

再是带头捐出"养廉银"，为百姓购买急需，并号召地主乡绅，轮流搭棚煮粥，接济灾民。

最后向富商大户筹款筹物，修筑水毁城墙，以工代赈。

一番操作下来，救活了不少百姓，却也堵死了他的晋升之门。

公元 1753 年，六十一岁的郑板桥，因"为民请赈"，得罪高官，罢职归乡。

离开潍县当天，父老乡亲夹道相送，含泪挽留，并在家中供其画像，逢时过节都会叩首伏拜。

州府容他不下，百姓却将他的功德永远记在了心间，这对于郑板桥来说也是一种荣耀。

在潍县任上，还有一件事情让郑板桥特别引以为傲。

乾隆十三年（1748），天子准备巡视山东。

众所周知，作为一位资深文艺青年，乾隆皇帝最爱附庸风雅。为了让皇帝玩得开心、看得舒心，朝廷再三叮嘱山东地方官员，一定要把天子巡游路线的周边布置得高端大气上档次，尤其是泰山之顶，必须确保在环境整洁、景色怡人之外，还得有扑面而来的文艺气息。

于是，精通诗、书、画的全才官员郑板桥临危受命，获任书画史，负责泰山人文景观的整体策划和现场制作。

虽然后来计划有变，乾隆没有登顶泰山，郑板桥的才华未能进入天子的视线，但他依旧觉得相当骄傲，"卧泰山绝顶四十余日，亦足豪矣"（《板桥自叙》）。

为此，郑板桥在社交签名里，又增加了一个头衔——"乾隆东封书画史"。

六

郑板桥辞官后再次回到扬州，继续干起了卖画的营生。

只是与二十年前相比，如今的处境和心境已大为不同。无论是在政坛，还是在文化圈，年逾花甲的郑板桥都是响当当的大人物。名人书画，当然一纸难求：

> 又以余闲作为兰竹，凡王公大人、卿士大夫、骚人词伯、山中老僧、黄冠炼客，得其一片纸、只字书，皆珍惜藏庋。
>
> ——《板桥自叙》

郑板桥也不忸怩作态，而是明码标价，童叟无欺，要求所有费用必须当场结清，无本生意，概不赊欠，且只收白银，不收物品：

> 大幅六两，中幅四两，小幅二两，条幅对联一两，扇子斗方五钱。凡送礼物食物，总不如白银为妙；公之所送，未必弟之所好也。送现银则心中喜乐，书画皆佳。礼物既属纠缠，赊欠尤为赖账。年老体倦，亦不能陪诸君子作无益语言也。

> 画竹多于买竹钱，纸高六尺价三千。
> 任渠话旧论交接，只当秋风过耳边。
>
> ——《板桥润格诗》

要想获得好作品，先得让我有个好心情，多说无益。

这哪里是在卖书画，分明卖的是奢侈品。但在名气和实力面前，即便郑板桥狂妄至此，前来索要字画者依旧络绎不绝。

他的经济状况也由此迅速改观，穷困半生的郑板桥怎么也没有想到，当官未能脱贫，卖画竟能致富。原来生活的恩赐，总会出现在不经意处。

作画之余，他经常往返于苏、浙两地，和地方主官、文坛画界泰斗交游论道，两淮盐运使卢见曾、诗人袁枚、大盐商马氏都与其交情颇深。酬唱赠答间，也留下了不少快意之作：

> 今年春色是何心？才见阳和又带阴。
>
> 柳线碧从烟外染，桃花红向雨中深。
>
> 笙歌婉转随游舫，灯火参差隔远林。
>
> 佳境佳辰拼一醉，任他杯酒渍衣襟。
>
> ——《和卢雅雨红桥泛舟》

最是一年春好处，柳碧桃红，云湿雾染，烟雨朦胧。

笙歌婉转，灯火参差，微波粼粼，轻舟荡漾。如此良辰佳境，何不大醉一场？

就这样，晚年的郑板桥虽然身处朝堂之外，却凭借一身才华，活出了别样精彩。

公元 1766 年，郑板桥病逝，享年七十三岁，葬于故乡兴化。

七

聪明难，糊涂尤难，由聪明而转入糊涂更难。放一着，退一步，当下心安，非图后来报也。

"难得糊涂"是郑板桥在潍县写下的一方匾额，也是他最为经典的传世名言。

"糊涂"二字作何解、有何深意，是自嘲无奈，还是抗议，或是愤慨，历来众说纷纭，未有定论。

但可以肯定的是，匾额之下的郑板桥是一个有大才华、大智慧、大情怀之人，绝对不会两眼蒙尘、是非不分、既蠢且笨，而是心如明镜、取舍有度、动静皆有方寸。

他虽然性格孤僻，狂妄傲慢，得罪了许多达官显贵、富豪乡绅，但对有才有德之人，却是赞赏有加、敬重万分：

> 愚兄平生漫骂无礼，然人有一才一技之长，一行一言之美，未尝不啧啧称道。
>
> ——《淮安舟中寄舍弟墨》

对于穷苦百姓，更是极为厚爱、无比关切：

> 要体貌他，要怜悯他；有所借贷，要周全他；不能偿还，要宽让他。
>
> ——《范县署中寄舍弟墨》

他任职两地，十年间出行不坐轿，下乡不骑马，没有鸣锣开道，不用"回避""肃静"，一直和百姓团坐一起。

他始终认为，农民是天地间第一等人，如果没有他们的辛勤耕种，"举世皆饿死矣"（《范县署中寄舍弟墨》）。

对于那些因生活所迫而铤而走险的偷盗者，郑板桥也十分宽容，"主捕而不主杀，问供亦不尚严刑"（《范县署中寄舍弟墨》）。

堂堂一个县令竟对盗贼充满恻隐之心，放眼整个大清，除了郑板桥，应该再无第二人。

人在官场，身不由己。但郑板桥为了百姓的生计，还是做出了最大努力，即便赌上政治前途也在所不惜。这不是一时糊涂，而是"蓄谋已久"。

他为什么要这么做，又为什么能够做到？他的两首代表作，已经给出了答案：

一曰爱民如子，一曰铁骨铮铮：

> 衙斋卧听萧萧竹，疑是民间疾苦声。
> 些小吾曹州县吏，一枝一叶总关情。
>
> ——《潍县署中画竹呈年伯包大中丞括》

> 咬定青山不放松，立根原在破岩中。
> 千磨万击还坚劲，任尔东西南北风。
>
> ——《竹石》

参考资料

专著

[1] 刘义庆.世说新语 [M].北京：中华书局，2016.

[2] 王定保.唐摭言 [M].上海：上海古籍出版社，2012.

[3] 刘昫.旧唐书 [M].北京：中华书局，1975.

[4] 欧阳修，宋祁.新唐书 [M].北京：中华书局，1975.

[5] 董诰.全唐文 [M].北京：中华书局，1983.

[6] 辛文房撰，傅璇琮等人校.唐才子传校笺 [M].北京：中华书局，1987.

[7] 司马光.资治通鉴 [M].北京：中华书局，2013.

[8] 脱脱.宋史 [M].北京：中华书局，1977.

[9] 朱弁.曲洧旧闻 [M].上海：商务印书馆，1936.

[10] 赵明诚撰，金文明校.金石录校证 [M].广西：广西师范大学出版社，2005.

[11] 朱彧.萍洲可谈 [M].上海：上海古籍出版社，1989.

[12] 晁公武著，孙猛校.郡斋读书志校证 [M].上海：上海古籍出版社，1990.

[13] 陈振孙 . 直斋书录解题 [M]. 上海：上海古籍出版社，2015.

[14] 岳珍 . 碧鸡漫志校正 [M]. 北京：人民文学出版社，2015.

[15] 计有功 . 唐诗纪事 [M]. 上海：上海古籍出版社，2013.

[16] 张廷玉 . 明史 [M]. 北京：中华书局，2015.

[17] 郭子章 . 黔记 [M]. 成都：西南交通大学出版社，2016.

[18] 王阳明 . 传习录 [M]. 上海：上海古籍出版社，2021.

[19] 张岱 . 陶庵梦忆 [M]. 北京：中华书局，2020.

[20] 张岱 . 嫏嬛文集 [M]. 北京：故宫出版社，2012.

[21] 沈德潜，周准 . 明诗别裁集 [M]. 上海：上海古籍出版社，1979.

[22] 周济 . 宋四家词选词辨 [M]. 北京：中华书局，2022.

[23] 张英，张廷玉 . 聪训斋语 [M]. 安徽：安徽大学出版社，2013.

[24] 陈康祺 . 郎潜纪闻初笔二笔三笔 [M]. 北京：中华书局，1997.

[25] 林语堂 . 苏东坡传 [M]. 湖南：湖南文艺出版社，2018.

[26] 施蛰存 . 唐诗百话 [M]. 陕西：陕西师范大学出版社，2014.

[27] 简雪庵 . 晓风残月柳永传 [M]. 北京：作家出版社，2016.

论文

[1] 郭争. 穷途狂者的悖论人格——论《世说新语》中阮籍"狂"与"慎"的悖论 [J]. 湖北职业技术学院学报，2019 年第 1 期.

[2] 谢盛华. 嵇康、阮籍的性格命运与悖论人生 [J]. 盐城师范学院学报：人文社会科学版，2018 年第 4 期.

[3] 魏俊美. 从迁谪诗看宋之问的逐臣心态变化 [J]. 铜陵职业技术学院学报，2018 年第 3 期.

[4] 丁放，袁行霈. 玉真公主考论——以其与盛唐诗坛的关系为归结 [J]. 北京大学学报：哲学社会科学版，2004 年第 2 期.

[5] 丁放. 玉真公主，李白与盛唐道教关系考论 [J]. 复旦学报：社会科学版，2016 年第 4 期.

[6] 王汝涛. 玉真公主轶事考——兼论唐代诸公主入道 [J]. 临沂师专学报，1995 年第 1 期.

[7] 李欢. 王维，李白未交游原因考释 [J]. 绵阳师范学院学报，2019 年第 1 期.

[8] 王辉斌. 李白与王维未交游原因探析——兼及孟浩然，李白，王维三人之比较 [J]. 宁夏师范学院学报，2007 年第 5 期.

[9] 天一. 周敦颐：宋明理学的开山鼻祖 [J]. 月读，2021 年第 5 期.

[10] 王友胜. 周敦颐诗中的孔颜之乐与林泉之趣 [J]. 求索，2017 年第 11 期.

[11] 马强. 海南地理体验与苏轼晚年思想的升华 [J]. 海南热带海洋学院学报，2018 年第 3 期.

[12] 施志咏. 平生生死梦 三者无劣优——苏轼海南诗中的人生体验 [J]. 文史知识，2012 年第 12 期.

[13] 陈丽. 从苏轼在海南的诗文究其晚年的人生观 [J]. 琼州大学学报，2001 年第 3 期.

[14] 蒲友俊. 超越困境：苏轼在海南 [J]. 四川师范大学学报：社会科学版，1992 年第 2 期.

[15] 郭世轩. 磨难的贬谪历程与精神的天地境界——论苏轼的海南生涯及其意义 [J]. 海南热带海洋学院学报，2022 年第 1 期.

[16] 伍联群，余何. 论苏轼儋州时期的人生哲思与文教实践——以苏轼在儋州的诗歌成就为中心 [J]. 海南热带海洋学院学报，2018 年第 1 期.

[17] 王敏杰. 范成大使金纪行诗的心路历程和家国情怀 [J]. 名作欣赏，2021 年第 20 期.

[18] 花志红. 陆游范成大蜀中交谊 [J]. 文教资料，2009 年，第 22 期.

[19] 闻轩轩. 南宋使金士人眼中的汴京社会 [J]. 文史知识，2019 年第 5 期.

[20] 陈四海，韩雪. 音乐社会史视角下的姜夔之乐伎"小红"考 [J]. 音乐传播，2016 年第 3 期.

[21] 张翠方. 从《桂海虞衡志》看范成大治桂 [J]. 广西师范大学学报：哲学社会科学版，2016 年第 3 期.

[22] 张艳艳，王璐．自在飞花轻似梦 无边丝雨细如愁——论姜夔词中的生命哀愁 [J]．齐齐哈尔师范高等专科学校学报，2016 年第 2 期．

[23] 侯海荣，向欣．姜夔合肥情词的特质与"风月词人"批判 [J]．重庆科技学院学报：社会科学版，2014 年第 9 期．

[24] 刘再生．姜夔人文精神的历史定位——兼论姜夔与抗金将领交往对其爱国精神之影响 [J]．音乐艺术：上海音乐学院学报，2014 年第 2 期．

[25] 陈守文，何向荣．论刘基在建立朱明王朝中的历史作用 [J]．浙江工贸职业技术学院学报，2006 年第 2 期．

[26] 都玉晓．明代开国元勋刘基的人生悲剧探因 [J]．领导科学，2018 年第 18 期．

[27] 孟祥才．论刘基的悲剧 [J]．东岳论丛，2014 年第 2 期．

[28] 王馨一．试论刘伯温的诗词 [J]．教学与研究，1981 年第 1 期．

[29] 穆永强．从解缙《大庖西封事》看明初君臣关系的实质 [J]．陇东学院学报，2013 年第 2 期．

[30] 彭国远．江南才子解缙 [J]．文史知识，1988 年第 9 期．

[31] 周秋洋．大明一代才子的官场浮沉——"言官"解缙的家国情与政治路 [J]．文史博览（人物），2019 年第 7 期．

[32] 刘光亮．试论解缙的悲剧结局 [J]．井冈山大学学报：社会科学版，1998 年第 1 期．

[33] 苗怀明．繁华过眼 逝水流年——张岱和他的小品文 [J]．文

史知识，2021 年第 6 期 .

[34] 夏咸淳，张岱：传统与新潮融会的智者 [J]. 社会科学，2015 年第 1 期 .

[35] 王倩 . 从《西湖七月半》看张岱的社会理想 [J]. 文学教育（上），2019 年第 34 期 .

[36] 胡益民 . 张岱史学著述考 [J]. 江淮论坛，2001 年第 5 期 .

[37] 江小角，杨怀志 . 张廷玉的为官之道与为文主张 [J]. 西部学刊，2016 年第 1 期 .

[38] 詹福瑞，吴蔚雍 . 正与张廷玉之文笔交往及其文学影响 [J]. 中国文学研究，2013 年第 3 期 .

[39] 严萍 . 张廷玉晚节考 [J]. 安徽史学，2020 年第 6 期 .

[40] 刘洋 . 旷世殊荣：清代名臣张廷玉配享太庙问题探析 [J]. 辽宁师范大学学报：社会科学版，2012 年第 1 期 .

[41] 吴兴毛 . 清代的三朝元老张廷玉 [J]. 重庆科技学院学报：社会科学版，2012 年第 23 期 .

[42] 赵福奎，赵盛印 . 郑板桥知范县思想管窥 [J]. 濮阳职业技术学院学报，1994 年第 1 期 .

[43] 贾璐 . 郑板桥与范县——写在大型历史故事剧《清吏郑板桥》即将上演之际 [J]. 东方艺术，2014 年第 S1 期 .

[44] 林夏瀚 . "一枝一叶总关情"——郑板桥的别样人生 [J]. 传记文学，2021 年第 10 期 .

图书在版编目（CIP）数据

人间不坠青云志 / 叶楚桥著. —— 北京：北京联合
出版公司, 2023.4（2025.1重印）
　ISBN 978-7-5596-6618-5

　Ⅰ.①人… Ⅱ.①叶… Ⅲ.①文人 – 列传 – 中国 – 古
代 – 通俗读物 Ⅳ.①K825.4–49

中国国家版本馆CIP数据核字(2023)第011751号

本书中文简体版由北京行距文化传媒有限公司授权北京时代
华语国际传媒股份有限公司在中国大陆地区（不包括香港、澳门、
台湾）独家出版、发行。

人间不坠青云志

作　　者：叶楚桥
出 品 人：赵红仕
责任编辑：牛炜征
封面设计：柒拾叁号

———————————————————————————

北京联合出版公司出版
（北京市西城区德外大街83号楼9层　100088）
北京时代华语国际传媒股份有限公司发行
北京盛通印刷股份有限公司印刷　新华书店经销
字数170千字　880毫米×1230毫米　1/32　8.75印张
2023年4月第1版　2025年1月第6次印刷
ISBN 978-7-5596-6618-5
定价：48.00元

———————————————————————————